Meik Böd

Die Bewerbungs

Bewerben. Anders. Und zwar endlich richtig.

Meik Bödeker

Die Bewerbungs – Revolution

Bewerben. Anders. Und zwar richtig.

Bibliografische Information der Deutschen Nationalbibliothek:
Die Deutsche Nationalbibliothek verzeichnet diese Publikation in der
Deutschen Nationalbibliografie; detaillierte bibliografische Daten sind
im Internet über http://dnb.dnb.de abrufbar.

3. Auflage
© 2014 Meik Bödeker

Gestaltung: Baumann & Friends, Agentur für Kommunikation
und Design, Seeshaupt
Illustrationen: © Fotolia.com – Trueffelpix
Wissenschaftliche Mitarbeit: Sabine Jung, ADV-Institut
                              Dipl. Psych. Bernhard Ostler

Herstellung und Verlag: BoD – Books on Demand, Norderstedt

ISBN: 978-3-7357-5807-1

Inhalt

Wenn Du etwas haben willst,

das Du noch nie hattest,

wirst Du etwas tun müssen,

das Du noch nie getan hast.

Vorwort

Oh Gott, noch ein Bewerbungsbuch ... wer braucht denn das? Was soll das jetzt? Und woher soll ich jetzt wissen, was mir wirklich hilft?

Warum sind denn so viele Bewerbungen einfach für die Katz? Nun, die Antwort ist recht einfach und besteht im Grunde genommen aus zwei Worten: Ahnungslosigkeit und Standardisierung.

Mit der Ahnungslosigkeit ist gemeint, dass nahezu sämtliche Ratgeber, die Ihnen sagen, wie Sie sich zu bewerben haben, wahlweise von Leuten geschrieben wurden, die entweder selbst niemals arbeitslos waren, oder bestenfalls als Personalberater agieren (und somit schon einmal der falsche Ansprechpartner sind).

Nun frage ich Sie: Würden Sie Erziehungstipps suchen bei jemandem, der keine Kinder hat? Würden Sie sich das Autofahren erklären lassen von jemandem, der selber keinen Führerschein hat? Würden Sie sich hinsichtlich einer Existenzgründung beraten lassen von jemandem, der noch niemals selbständig war? Nein?

Dann lassen Sie sich bezüglich Ihrer Bewerbung auch nicht von Leuten beraten, die ihr Geld mit dem Erteilen kluger Ratschläge verdienen und im eigentlichen Bewerbungsmanagement gar nicht arbeiten bzw. es auch noch nie getan haben.

Die nächsten, die an dieser Stelle nicht immer fachkundig und motiviert sind, sind die Mitarbeiter in den Jobcentern und Arbeitsagenturen.

Das Interesse dieser Vermittler (AV's) liegt ausschließlich darin, Sie möglichst schnell in den Arbeitsmarkt zu integrieren. Ob Sie in der neuen Tätigkeit glücklich werden oder nicht, ob dieser Job Ihren Fähigkeiten entspricht oder nicht, ist dem Vermittler zunächst einmal relativ egal.

Damit will ich keinesfalls über die AV's lästern; das steht mir erstens nicht zu und wäre zweitens auch unfair. Schließlich handelt es sich hierbei um einen knallharten Job, den weder Sie noch ich ausüben wollten. Einen Job mit bestimmten Quoten, die unbedingt erfüllt werden müssen, einer mäßigen Bezahlung, unendlich viel Frust und vor allem: Haben Sie gewusst, dass die AV's ihrerseits fast ausschließlich Zeitarbeitsverträge haben?

Wenn Ihnen ein AV das nächste Mal sagt, wie und auf welche Art und Weise und mit welcher Frequenz Sie sich zu bewerben haben, oder Ihre Gehaltsvorstellungen überdenken sollten, könnten Sie ihn oder sie theoretisch ja einmal fragen: „Wann, lieber AV, haben Sie sich eigentlich das letzte Mal erfolgreich auf einen Job beworben, den Sie wirklich lieben?" – Und noch während der AV Sie wahrscheinlich völlig fassungslos anschaut, schießen Sie doch gleich die nächste Frage hinterher: „Und, wann haben Sie eigentlich das letzte Mal erfolgreich einen Mitarbeiter eingestellt?"

Ich möchte Sie, lieber Leser, wirklich nicht gegen Ihren AV aufhetzen, auch wenn vielleicht dieser Eindruck entsteht.

Nein, ich möchte Ihnen bewusst machen, dass auch er Ihnen höchstwahrscheinlich nicht sagen kann, wie Sie sich erfolgreich auf einen tollen Job bewerben ... sonst würde er es nämlich vermutlich selber tun. Oder glauben Sie, dass die AV's ihrer Tätigkeit wirklich immer gerne nachgehen?

Eine Einfach Strategie wie

> „Sie müssen sich einfach viel häufiger bewerben, notfalls auch auf Jobs, die Ihnen zunächst einmal nicht entsprechen"

> „Sie müssen mit Ihren Erwartungen und Gehaltsforderungen nach unten gehen"

usw. ist sicherlich im Einzelfall richtig, aber doch nicht immer, grundsätzlich und ausschließlich. Und schon sind wir beim zweiten Grund:

Der Standardisierung. Nahezu sämtliche Beratungen, ganz gleich ob im Arbeitsamt, in Maßnahmen oder einschlägigen Ratgebern, zielen darauf ab, Sie in die Lage zu versetzen, mit standarisierten Anschreiben und Unterlagen Bewerbungen in möglichst hoher Zahl auszusenden, in der Hoffnung, dass auf diese Weise dann ein Job für Sie abfällt.

Keine standartisierten Anschreiben und Unterlagen

Ähnlich verhält es sich übrigens mit den Empfehlungen für Standard-Antworten im Vorstellungsgespräch, die Ihnen im besten Fall einen gelangweilten Blick Ihres Gegenübers bescheren.

Soweit so gut – nur:

Sind Sie Standard?

Sind Sie Durchschnitt?

Sind Sie mit einem höchst durchschnittlichen Job, durchschnittlichem Einkommen und einem durchschnittlichen Leben zufrieden?

Falls ja, ist dieses Buch vermutlich nicht ganz das Richtige für Sie.

Falls nein, lesen Sie unbedingt weiter, denn ich möchte Ihnen eines an dieser Stelle garantieren:

Es gibt eine Regel, die so alt ist, wie der Bewerbungsprozess an sich und die ich aus eigener Erfahrung dutzendfach – selbst bei Bewerbern mit großen Vermittlungshemmnissen, wie es im Amtsdeutsch so schön heißt – immer wieder beweisen konnte:

Sieben qualifizierte Bewerbungen ergeben ein Vorstellungsgespräch.

Sieben qualifizierte Vorstellungsgespräche ergeben einen (Traum-)Job.

Also wohlgemerkt, einen Job, der Ihnen Spaß macht, einen Job, der Sie ausfüllt, einen Job, zu dem Sie gerne hingehen.

Mit anderen Worten: Wenn Sie sich qualifiziert bewerben, werden Sie sicherlich keinesfalls mehr als 50 Bewerbungsvorgänge haben ... somit stellt sich nur noch die Frage:

Was genau bedeutet denn eigentlich *qualifiziert*?

Nun, qualifiziert bedeutet, dass Sie insgesamt sechs Phasen durchlaufen. Welche das sind, und wie Sie diese durchlaufen werden, darauf möchte ich in den nächsten Kapiteln eingehen.

Vorab noch eine Bemerkung: Der eine oder andere von Ihnen wird vielleicht schon ungeduldig darauf warten, dass er nun endlich anfangen kann, sich zu bewerben und konkrete Ratschläge bekommt. Warten, auf genau die Tipps, die dieses Buch von anderen unterscheidet.

Keine Sorge: die kommen.

Sie brauchen nur noch ein bisschen Geduld.

Und: Niemand sagt, dass es einfach wird. Ganz sicher ist es sogar wesentlich arbeitsintensiver, als Sie es bisher in diesem Bereich kennengelernt haben. Aber eben auch effektiver.

Der erfolgreiche Bewerber unterscheidet sich von dem weniger Erfolgreichen vor allem dadurch, dass er sich einmal die Zeit genommen hat, die wirklich wichtigen Dinge im Vorfeld zu überdenken.

Christian Morgenstern hat einmal gesagt:

> „Wer das Ziel nicht kennt,
> wird den Weg nicht finden."

Kennen Sie Ihr Ziel?

Ihr *wirkliches* Ziel?

Sind Sie sicher?

Dann wissen Sie, dass es eben nicht darin besteht, irgendeinen Job zu bekommen, nicht wahr?

Also, lieber Leser, bei aller Ungeduld: Bitte nehmen Sie sich die Zeit und Muße, Kapitel 1 in aller Ruhe durchzuarbeiten. Glauben Sie mir, es lohnt sich.

Und noch etwas: Obwohl in diesem Buch bei Entscheidern oftmals die männliche Form gewählt wurde, bzw. ich im späteren Verlauf auch von „der Assistentin" spreche, denke ich gewiss nicht in Stereotypen, sondern habe ganz bewusst aus Gründen der Lesefreundlichkeit diese Form gewählt.

Ich hoffe an dieser Stelle auf Ihr Verständnis; überflüssig zu erwähnen, dass es sehr wohl auch weibliche Führungskräfte gibt (leider noch viel zu wenige) bzw. ein Assistent auch durchaus männlich sein kann.

Einverstanden?

Dann lassen Sie uns beginnen.

1. Schritt:

Herausfinden, was man wirklich kann und möchte

Haben Sie schon einmal morgens im Stau oder in den öffentlichen Verkehrsmitteln die Gesichter der Menschen um sich herum näher betrachtet?

Und, nebenbei bemerkt: Ist Ihnen dabei aufgefallen, dass insbesondere der deutsche Autofahrer der festen Meinung ist, er könne aus seinem Auto hinaussehen – aber niemand hinein? Wie sonst wären wohl manche Grimassen oder bestimmte Tätigkeiten zu erklären?

Was ich damit sagen will, ist folgendes: wenn ich mich morgens im Stau oder in der U-Bahn umschaue, sehe ich fast ausschließlich muffelige Gesichter.

Das mag wohl daran liegen, dass der eine oder andere vielleicht in der Tat ein Morgenmuffel oder auch mit dem falschen Bein aufgestanden ist – aber so viele? Wohl kaum.

Ganz sicher liegt es eben auch daran, dass die Menschen in großer Anzahl auf dem Weg zu einer Arbeit sind, die sie im Grunde nicht mögen. Die ihnen keinen Spaß macht und sie nicht wirklich befriedigt. Dass dies gewaltig auf die Laune schlägt, ist – glaube ich – für jedermann sehr gut nachvollziehbar.

Ein falscher Job drückt gewaltig auf die Laune

Sollten Sie gerade arbeitslos sein oder auch einfach nur unzufrieden mit Ihrem Job, nehmen Sie sich die Zeit für eine kleine Zäsur. Ich weiß aus eigener Erfahrung wie schwer es ist, die Arbeitslosigkeit als eine Chance für sich zu begreifen. Überlegen Sie, wie sehr Ihnen Ihre letzte bzw. gegenwärtige Tätigkeit Spaß macht. Nicht nur dem Broterwerb dient, sondern Ihnen auch wirklich etwas gibt.

Gerade im Berufsleben werden wir immer wieder von gewissen Sprüchen fremdbestimmt, solche Sprüche wie:

„Das Leben ist kein Zuckerschlecken."

(Wieso eigentlich nicht?) und ähnlichem.

Vorsicht vor unzutreffenden Einschränkungen

Jedoch limitieren uns solche Aussagen, hindern uns, andere Dinge zu tun und halten uns oftmals davon ab, neue und vielleicht für uns viel erfolgreichere und zufriedenere Wege zu beschreiten. Solche Sprüche nennt man Glaubenssätze. Wenn Sie also für sich die Notwendigkeit sehen, etwas komplett zu verändern, müssen Sie sich zunächst einmal mit diesen Glaubenssätzen auseinandersetzen.

Glaubenssätze sind im Grunde nichts anderes als Verallgemeinerungen, die Zutreffendes – vor allem aber eben auch Unzutreffendes – im Laufe des Lebens manifestiert haben. Übernehmen wir sie unreflektiert, verschließen wir uns der Möglichkeit, neue und für uns positive Erkenntnisse zu erlangen.

Haben Sie nicht auch schon die Erfahrung gemacht, dass wir oftmals genau das anziehen, von dem wir selbst überzeugt sind?

Glaubenssätze, die wir alle kennen, sind z. B.:

- Das schaffe ich nie!

- Geld verdirbt den Charakter.

- Dafür bin ich viel zu alt.

- Immer muss ich alles allein machen.

- Männer können nicht treu sein.

- Frauen können nicht einparken.

Warum bilden wir Glaubenssätze und woher kommen sie?

Für manche Menschen sind Glaubenssätze eine Art Geländer, an dem sie sich entlang hangeln können und welches ihnen scheinbar Schutz und ein Gefühl relativer Sicherheit bietet.

Außerdem bewahren sie maßgeblich vor Enttäuschungen, weil man durch negative Assoziationen gar nicht erst etwas Positives erwartet. Sätze wie „Ich hab's ja gleich gewusst", lassen uns das scheinbar unabwendbare Schicksal demütig ertragen.

Tatsächlich ist es aber genau anders herum! Genau diese Überzeugungen tragen oftmals dazu bei, dass wir erst recht immer wieder enttäuscht werden. Durch unsere negative Erwartungshaltung ziehen wir oft genau solche Situationen an, in denen wir uns in unserem Glaubenssatz bestätigt sehen. Glaubenssätze sind nicht auf Logik angewiesen, sondern absolut emotional. Und Emotionen sind alles, aber ganz sicher nicht logisch.

Glaubenssätze sind niemals logisch

Und nur weil wir es glauben (wollen), muss es doch nicht zwangsläufig wahr sein, oder?

Eigentlich steckt es ja bereits im Wort: Es heißt schließlich **Glauben**sätze und **nicht Wahrheit**ssätze. Dennoch stellen Glaubenssätze für viele von uns eine unabänderliche Tatsache dar, mit der wir es uns oft viel schwerer machen, als es wirklich erforderlich wäre.

Dabei ist es durchaus möglich, Glaubenssätze zu ändern, wenn sie uns nicht gut tun und uns an unserer Entwicklung hindern. Das heißt, je früher Sie damit beginnen, Ihre Überzeugungen vorsichtig zu hinterfragen, desto leichter wird es für Sie, sich irgendwann einmal ganz von ihnen zu lösen.

Überprüfen Sie Ihre Gläubensätze

Tipp 1: Finden Sie heraus, was Sie glauben.

Hierzu ein paar praktische Tipps:

Werden Sie sich Ihrer Glaubenssätze bewusst, denn erst dann können Sie diese verändern.

Welche Überzeugungen haben Sie?

Sie kommen ihnen übrigens auf die Spur, indem Sie jeden Satz, den Sie im Brustton der Überzeugung sagen oder denken, einmal ganz bewusst registrieren. Auch Worte wie „immer" oder „alle" gehen stark in diese Richtung.

Achtung:

dahinter könnte sich ein Glaubenssatz verbergen!

Was denken Sie, wenn jemand seine Meinung offen ausspricht? Stimmen Sie zu oder geht Ihnen eine gänzlich andere Überzeugung durch den Kopf?

Übung: **Finden Sie heraus, was Sie glauben.**

Schreiben Sie die Glaubenssätze, die Ihnen in den Sinn kommen, auf. Beginnen Sie doch einfach mal mit den folgenden Satzanfängen, die Sie – ohne lange darüber nachzudenken – vervollständigen:

- Immer wenn …, dann …

- Alle …

- Jeder sollte …

- Grundsätzlich …

- Es ist wichtig, dass …

- Ich bin mir sicher, dass …

Meine Notizen:

Glaubenssätze und Überzeugungen haben wir oftmals von
Personen übernommen, die uns bereits in der Kindheit ge-
prägt haben:

- Mein Vater sagte immer ...

- Meine Mutter war sich sicher ...

- Der Lieblingsspruch meines Opas war ...

- Von meiner Oma hörte ich immer ...

- Schon in meiner Kindheit wusste ich ...

Gehen Sie jetzt diese Aussagen ganz in Ruhe durch und fragen Sie sich bei jedem Satz, ob Sie das auch heute noch so
sehen möchten.

Ist die Aussage womöglich mittlerweile überholt?

Ergibt der jeweilige Satz überhaupt noch einen Sinn für Sie?

Macht er Ihnen das Leben einfacher?

Ist er dazu geeignet, Ihnen Glück und Zufriedenheit zu bescheren?

Oder fallen Ihnen vielleicht viel bessere Sätze und Überzeugungen ein?

Schreiben Sie diese doch direkt auf!

Meine Notizen:

Bedenken Sie bitte, dass „hinterfragen" ja nicht gleich „aufge-
ben" bedeuten muss. Viele Glaubenssätze erfüllen eine wichtige Funktion und es tut uns nicht gut, sie einfach aufzugeben. Der Ansatz des Hinterfragens ist ein viel weicherer.

Fragen wie ...

- Wie könnte eine andere Meinung dazu lauten?

- Wie würde eine Situation aussehen, in der das nicht
  zutrifft?

- Wie könnte sich das genaue Gegenteil dieses Stand-
  punktes anfühlen und wie würde ich dann darüber
  denken?

- Wie werde ich das Ganze in fünf Jahren beurteilen?

... bieten Ihnen dazu eine erste Hilfestellung.

**Tipp 4: Lernen Sie die Glaubensätze anderer
Menschen kennen.**

Indem Sie anderen Menschen aufmerksam zuhören, können
Sie – mit ein bisschen Übung – viele neue Glaubenssätze
kennenlernen.

Sammeln Sie andere Ansichten und seien Sie diesen gegenüber neugierig und offen. Nicht jede andere Meinung ist
automatisch eine Bedrohung für Sie!

Überlegen Sie, welche Überzeugungen vielleicht nützlich sein
könnten und notieren Sie diese für sich.

Meine Notizen:

Hier eine kleine positive Auswahl:

- Das steht mir zu!

- Jeder Mensch hat ein Recht darauf, glücklich zu sein.

- Jeder sollte sich einmal am Tag etwas Gutes tun.

- Probleme sind Chancen und ich kann aus allen Situationen etwas lernen.

- Jeder Tag ist ein kleiner Neuanfang.

- Alles hat seinen Sinn. Auch die Tatsache, dass ich gerade keinen Job habe ...

Diesen letzten Punkt habe ich ganz bewusst mit aufgenommen. Wenn mir während meiner Arbeitslosigkeiten jemand gesagt hätte, dass alles einen tieferen Sinn hat, also auch die Tatsache, dass ich verzweifelt einen neuen Job suche, dann hätte ich denjenigen wahrscheinlich spanlos kaltverformt.

Nachvollziehbar, wenn man gerade selbst betroffen ist.

Aber ist es nicht oftmals so, dass sich bestimmte Dinge im Leben, die uns passiert sind, später doch noch als etwas Positives herausgestellt haben?

Vielleicht ist gerade diese Lebensphase für Sie dazu geeignet, mal zu hinterfragen, ob Sie nicht doch zu lange etwas gemacht haben, zu dem Sie eigentlich gar keine Lust mehr haben.

> ## Tipp 5: Hinterfragen Sie die Ihnen bekannten Sprichwörter.

Natürlich haben auch Sie zahlreiche Sprichwörter und sogenannte Lebensweisheiten parat. Aber haben Sie jemals über deren Nutzen nachgedacht?

Haben Sie z. B. „Wer hoch hinaus will, kann tief fallen" oder „Besser den Spatz in der Hand, als die Taube auf dem Dach" im Kopf?

Dann ist es gut möglich, dass Sie sich mit diesen Einstellungen selbst bremsen.

Achten Sie also einmal ganz bewusst auf Sprichwörter, die Ihnen hin und wieder durch den Kopf gehen und überlegen Sie, ob Sie diese nicht durch neue ersetzen wollen.

„Eine Änderung des Bewusstseins verändert unbewusst auch das Sein."

Die Folge selbstbestimmter Überzeugungen ist, dass Sie durch Ihre neue Wahrnehmung den Fokus Ihrer Energie und Ihrer Gedanken auf das richten, was Ihre Glaubenssätze aussagen. Seien Sie sich darüber im Klaren, dass Sie Ihr Leben genau in die Richtung der neuen Glaubenssätze lenken werden.

Falls Sie für sich festgestellt haben, dass Ihnen Ihre Tätigkeit beim letzten oder beim gegenwärtigen Arbeitgeber nicht wirklich viel Spaß gemacht hat, Sie aber nicht so richtig wissen, was genau Sie eigentlich tun sollten, können Ihnen die zwei nachfolgenden Übungen vielleicht behilflich sein:

Nehmen Sie sich ein weißes Blatt und schreiben Sie 10–12 Begriffe auf, die Ihnen im Job wichtig sind. Dies können Schlagwörter sein wie „Netter Chef" / „Gute Aufstiegsmöglichkeiten" / „Kurze Entfernung zwischen Wohnung und Arbeitsstätte" o. ä. Schreiben Sie diese Begriffe kreisförmig auf, etwa so wie in diesem Beispiel:

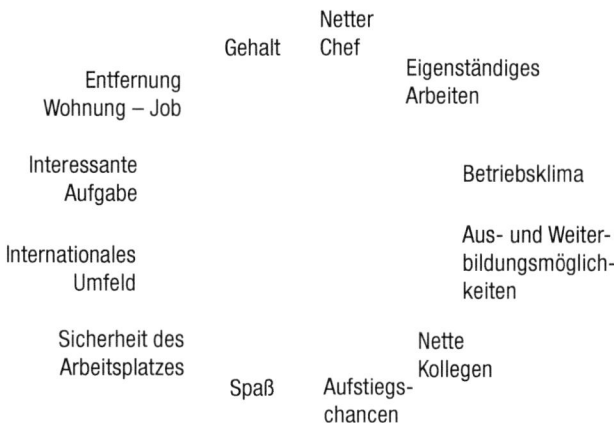

```
                          Netter
                 Gehalt   Chef
                                   Eigenständiges
        Entfernung                 Arbeiten
        Wohnung – Job

      Interessante                    Betriebsklima
      Aufgabe

                                      Aus- und Weiter-
      Internationales                 bildungsmöglich-
      Umfeld                          keiten

      Sicherheit des              Nette
      Arbeitsplatzes              Kollegen
                        Spaß   Aufstiegs-
                               chancen
```

Danach teilen Sie diese Begriffe auf in kleine „Pizzastück-chen", in etwa so:

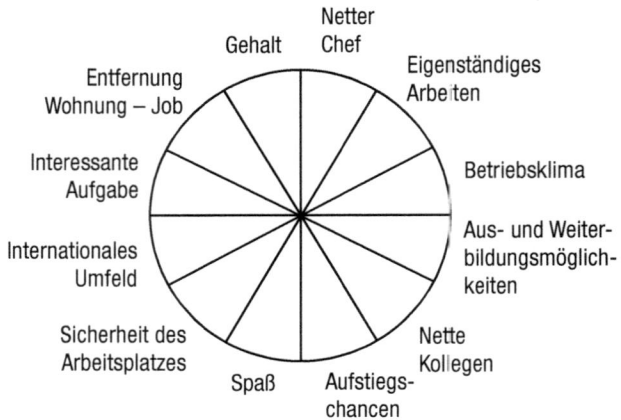

Als nächstes bewerten Sie auf einer Skala von 1–10, inwieweit Sie der Meinung sind, dass die entsprechenden Kriterien bei Ihrer letzten Tätigkeit erfüllt waren.

Eine „1" bedeutet: gar nicht.
Eine „10" bedeutet: absolut.

Eventuell könnte Ihr Kreis danach nun so aussehen:

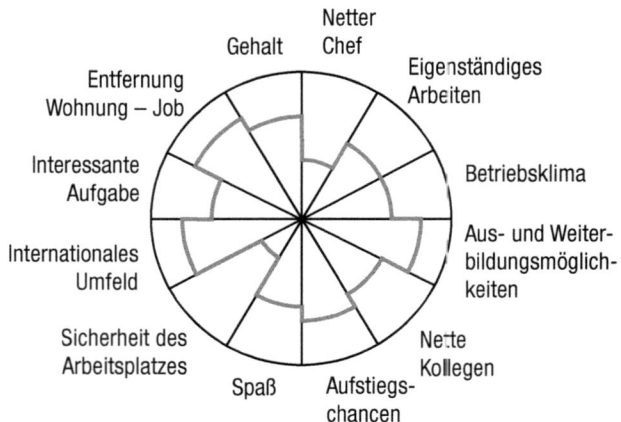

Bitte lassen Sie sich von diesem Beispiel nicht zu sehr beeinflussen, wichtig sind *Ihre* Kriterien und *Ihre* Wahrnehmungen.

Nun ergibt sich ein ziemlich eckiges Gebilde. Der äußere Rand dieses Kreises wäre somit die perfekte Welt; so sähe Ihre Wahrnehmung aus, wenn Sie jedes Kriterium mit einer „10" bewertet hätten.

Der innere, in diesem Beispiel rote Kreis, stellt die von Ihnen wahrgenommene Realität dar.

Und jetzt schauen Sie sich einmal die Kriterien, bei denen der Abstand zum „Perfekten" am Größten ist, etwas näher an.

Diese Kriterien sind demnach diejenigen, die Sie am meisten vermisst haben.

Mit anderen Worten: auf diese ein, zwei oder auch mehr Kriterien sollten Sie sich bei der Jobauswahl unbedingt konzentrieren und darauf achten, dass Firmen nach Möglichkeit diese auch erfüllen.

Wie das geht?

Nun, dazu stehen etliche Tipps und Tricks in den nächsten Kapiteln.

Die zweite Übung, die Sie vornehmen sollten, ist recht ähnlich; nur soll diese den Unterschied zwischen dem Eigen- und Fremdbild aufzeigen. Nicht selten liegt nämlich die Tatsache, dass so mancher in seinem Arbeitsumfeld unglücklich ist, exakt hierin begründet.

Also:

Überlegen Sie sich wieder 12–15 Begriffe, von denen Sie meinen, dass dies für den Job wichtige Charaktereigenschaften

Eigen- und Fremdbild

sind, z. B. Geduld, Disziplin, Ausdauer, Motivation ... was auch immer.

Und wieder schreiben Sie diese bitte kreisförmig auf; in etwa so:

Geduld   Kreativität

Disziplin   Selbstbewußtsein

Teamplayer   Organisations-
                                talent

Überzeugungs-   Innere Kraft
kraft

Durchsetzungs-   Motivation
vermögen

Empathie   Grenzen
            ziehen

Und auch hier versehen Sie diese Eigenschaften mit entsprechenden Feldern, den „Pizzastückchen", in etwa so:

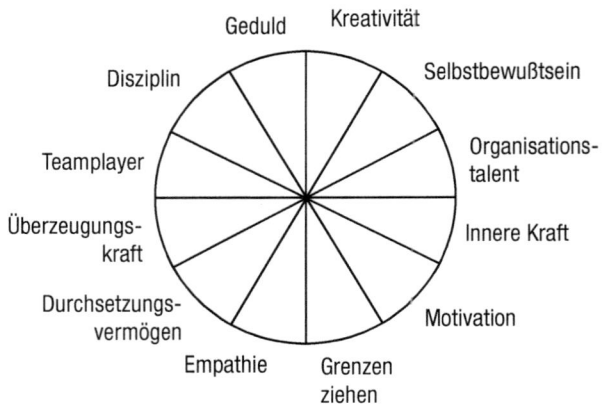

Dann versuchen Sie, sich selbst zu bewerten, wiederum auf der Skala von 1 (habe ich kaum) bis 10 (habe ich absolut).

Geduld   Kreativität

Disziplin   Selbstbewußtsein

Teamplayer   Organisations-
talent

Überzeugungs-
kraft   Innere Kraft

Durchsetzungs-
vermögen   Motivation

Empathie   Grenzen
ziehen

Doch halt!

An dieser Stelle ist die Übung ausnahmsweise noch nicht zu Ende, denn jetzt kommt der zweite, ungleich wichtigere Teil:

Nehmen Sie ein noch unausgefülltes Exemplar und legen Sie dies Ihrem besten Freund oder Ihrer besten Freundin vor. Ehemaligen oder auch gegenwärtigen Arbeitskollegen. Ihrer großen Schwester. Jemandem aus Ihrer Clique.

Letzten Endes ist es völlig egal, wem genau Sie es vorlegen, nur sollte es jemand sein, der Sie

a wirklich gut kennt,

b in jedem Falle gnadenlos ehrlich zu Ihnen ist und idealerweise

c irgendwann einmal mit Ihnen zusammen gearbeitet hat.

Es ist an dieser Stelle wichtig, hier einen Spiegel vorgehalten zu bekommen. Ich kann mir fast denken, was Sie womöglich jetzt einwenden werden: „Mein bester Freund ist der Torsten und wenn ich dem so'n Ding zum Ausfüllen vorlege, wird er mich ganz sicher fragen, ob ich sie noch alle beisammen habe."

Und an genau dieser Stelle möchte ich die absoluten Zweifler unter Ihnen auf einige Dinge hinweisen:

Diese Übung ist ein Coaching-Tool, mit dem die absoluten Spitzen aus Wirtschaft, Sport, Medien und Politik arbeiten. Wenn also eine Übung für Top-Manager sich seit Jahren bewährt hat, wieso können Sie dann glauben, dass es für Sie nicht funktioniert?

Sehen Sie hin.
Aber genau ...

Es ist von enormer Bedeutung, dass Sie erkennen, woran Sie *wirklich* zu arbeiten haben. Bedenken Sie bitte eines: Ihre bisherigen Einstellungen und Verhaltensweisen haben Sie in exakt diese Situation gebracht, in der Sie sich gerade befinden.

Ich möchte Ihnen einmal ein Beispiel eines Kunden aufzeigen, eines Geschäftsbereichsleiters aus einem mittelständischen Betrieb, mit ca. 280 Mitarbeitern in seiner Abteilung. Eines der Kriterien, die er aufgeführt hatte, war „Geduld". Nun handelt es sich hierbei um einen hochdynamischen und sehr aktiven Menschen, der sich selbst als extrem ungeduldig und permanent angespannt wahrgenommen hat und sich mit einer 2–3 an dieser Stelle bewertete.

Er hat nun diesen „Wertekreis" drei weiteren Personen vorgelegt, nämlich seiner Frau, seiner langjährigen Assistentin und einem Kameraden aus seinem Segelclub.

Das Erstaunliche war, dass ihm alle drei Personen aus seinem direkten Umfeld an dieser Stelle Werte zwischen 8 und 9 gegeben haben. Voller Überraschung sprach er mit seiner Assistentin darüber und meinte:

„Ganz häufig komme ich in Situationen, in denen ich feststelle, dass bestimmte Mitarbeiter irgendwelche Fehler gemacht haben, und wenn ich dann sehe, wie dusselig die sich manchmal anstellen, könnte ich einen Schreikrampf kriegen!"

„Ja, mag sein ... aber Sie strahlen das überhaupt nicht aus. Sie wirken immer so ruhig und kontrolliert und haben für jeden einen guten Rat", entgegnete sie.

Ebenso sein Segelkamerad: „Wenn ich manchmal sehe, was bei Regatten oder Anlegemanövern abgeht, könnte ich meine Crew einfach nur an der Rahnock aufknüpfen!"

„Ja, schon", meinte sein Freund, „aber irgendwie behältst Du immer die Ruhe und man muss bei Dir auch keine Angst haben, etwas falsch zu machen."

Stellen Sie sich, lieber Leser, nun vor, dieser Mann hätte sich nur auf sein Eigenbild verlassen.

Dann hätte er unter Umständen sehr viel Zeit, Mühe und Energie aufgewendet, geduldiger zu werden, hätte vielleicht autogenes Training erlernt oder Kurse zum Thema „Konflikt-management" besucht oder sonstige Energien zum Beheben dieses Makels aufgewendet ... dabei wäre es gar nicht nötig gewesen. Stattdessen hatte er vielleicht ein ganz anderes Thema, was ihm bis dahin überhaupt nicht bewusst war, an dem er jedoch dringend zu arbeiten hatte.

Ein anderes Beispiel betrifft eine andere Klientin von mir. Auch sie eine sehr lebhafte, erfolgreiche Frau aus dem Medienumfeld. Aufgrund der Tatsache, dass sie ein recht starkes und bestimmtes Auftreten hatte, unheimlich ausdrucksstark und vor allem eloquent war, schloss sie, dass sie eben auch sehr gut bei dem Kriterium „Kommunikation" aufgestellt sein musste und bewertete sich im Bereich zwischen neun und zehn.

Ihr Umfeld hingegen sah das ganz anders; hier lagen die Bewertungen in den Bereichen zwei bis vier. Meine Klientin zeigte sich hiervon völlig überrascht und verstand diese Einschätzung absolut nicht. Sie sah nur ihren exzellenten Ausdruck und ihre kontaktive Art.

„Ja", sagte ihr Umfeld, „es stimmt schon, dass Du sehr lebhaft bist und Dich auch sofort mit jedem unterhalten kannst ... aber *Du hörst nie wirklich zu*."

Was ich damit sagen will, lieber Leser, ist folgendes:

Wenn Sie sich wirklich auf den Weg zu einem erfüllenden und angenehmen Job begeben wollen, müssen Sie nicht nur sich selbst kennen, sondern auch wissen, wie Ihr Umfeld Sie wahrnimmt.

Wissen Sie das?

Mit absoluter Sicherheit?

Nein?

Dann beginnt auf der nächsten Seite Ihre erste Aufgabe.

Meine Notizen:

2. Schritt:

Der *richtige* Research

→ oder: wie Sie an die wirklich wichtigen Informationen kommen

Nehmen wir einmal an, Sie haben nun eine interessante Anzeige gefunden. Sie haben sich die Stellenbeschreibung aufmerksam durchgelesen und finden sich zunächst einmal in dieser Position wieder.

Dann gilt es nun als nächstes, möglichst viel über das Unternehmen und die erforderlichen Ansprechpartner herauszufinden.

Aber was ist eigentlich relevant? Wie groß ein Unternehmen ist?

Ganz sicher nicht; fragen Sie einmal tausende von Siemens-Mitarbeitern, von Opel, der Hypo-Vereinsbank, Infineon, EADS oder wen immer Sie wollen, diese werden Ihnen recht schnell bestätigen können, dass die reine Unternehmensgröße keine Garantie dafür ist, dass Sie einen sicheren Arbeitsplatz haben. Außerdem betreue ich etliche Firmen, die z. T. erst seit sechs bis sieben Jahren am Markt sind und dies überaus erfolgreich, die ihre Belegschaft jedes Jahr um zehn bis zwanzig Prozent steigern, noch nie einen Mitarbeiter aus wirtschaftlichen Gründen entlassen mussten, sondern stetig und konstant organisch wachsen.

Unternehmensgröße allein ist keine Garantie für einen sicheren Job

Die reine Unternehmensgröße kann es also nicht sein.

Was dann?

Wie lange ein Unternehmen am Markt ist?

Nun, das mag ein Indikator sein, aber was ist mit Unternehmen der regenerativen Energiewirtschaft?

Mit Internet-Firmen? Software-Unternehmen?

Da liegt es in der Natur der Sache, dass viele dieser Unternehmen erst seit zehn bis zwölf Jahren am Markt sind. Das kann auch kein Indikator sein.

Was bleibt denn noch?

Ok, grundsätzlich sind für viele Menschen Familienunternehmen sehr interessant, weil sie in anderen Zyklen denken, im Sinne von: Die AG interessiert sich ausschließlich für die Zahlen des nächsten Quartals, die GmbH ausschließlich für den Jahresabschluss, das Familienunternehmen aber eher für das nächste Jahrzehnt. Wie bei allen Verallgemeinerungen kann man das natürlich so pauschal nicht behaupten, aber – wie bei allen Verallgemeinerungen – enthält auch dieses einen wahren Kern.

Nun, die beiden wichtigsten Indikatoren sind die Unternehmenskultur und die Strategie.

Unternehmenskultur

Die Unternehmenskultur bestimmt Ihren Alltag im Unternehmen, wenn Sie dort arbeiten sollten. Die Umgangsformen, den Wert des Mitarbeiters, das Führungsverhalten Ihres Vorgesetzten, die Art der Aufgabenstellungen, die Sie täglich zu bewältigen haben. Und letztendlich bestimmt sie zu einem großen Teil die Frage, ob Sie gerne „zur Arbeit" fahren oder nicht.

Unternehmensstrategie

Die Strategie ist der entscheidende Faktor für den Unternehmenserfolg. Sie bestimmt, welchen Weg das Unternehmen in den nächsten Jahren nehmen wird, wie es sich auf die Erfordernisse des Marktes einstellt und ob es in Krisenzeiten stabil genug aufgestellt ist, um wirtschaftlich zu überleben.

Der eine oder andere von Ihnen, lieber Leser, ist u. U. schon einmal aus „wirtschaftlichen Gründen" entlassen worden ... nicht wahr?

Oder Sie kennen zumindest Leute, denen dies passiert ist. Und was bedeutet das?

Nichts anderes, als dass dieses Unternehmen es nicht geschafft hat, rechtzeitig auf Veränderungen des Marktes zu reagieren. Haben diejenigen, die „berufsbedingt" gekündigt wurden, etwas falsch gemacht?

Haben sie sich etwas zu Schulden kommen lassen? Haben sie Fehler gemacht?

Nein, wohl eher nicht. Allerdings deren Bosse, denn ansonsten wäre das Unternehmen nicht in eine Situation geraten, in denen es gezwungen ist, Menschen buchstäblich auf die Straße zu setzen, während andere Unternehmen das eben nicht tun mussten. Und warum? Weil eben die Strategie eine falsche war.

Aus diesem Grunde ist es für Sie von enormer Bedeutung, die Strategie eines Unternehmens herauszufinden und zu bewerten; ist diese nämlich falsch, sind SIE, lieber Leser, derjenige, der als Erstes wieder entlassen wird ... immerhin sind Sie ja als Letzter eingestellt worden. Sie sind gewissermaßen das Ende der Nahrungskette, deshalb schauen wir uns in den nächsten zwei Schritten einmal genauer an, wie Sie die Unternehmenskultur und die Strategie am Besten evaluieren können:

Zunächst einmal sehen Sie sich die Homepage eines Unternehmens an. Nehmen Sie sich ruhig einen Moment Zeit und fühlen Sie nach, wie diese Seite auf Sie gewirkt hat. Sympathisch? Kalt? Oder angenehm? Dann schauen Sie einmal in solche Bereiche wie „Wir über uns", „Unsere Mitarbeiter", „Jobs & Karriere".

Welchen Eindruck haben Sie bekommen über den Wert des Mitarbeiters?

Haben Sie das Gefühl, dass diesem Unternehmen der Mitarbeiter wichtig ist?

Dass er wertgeschätzt wird?

Sie erkennen dies an Kriterien wie Mitarbeiterförderung, Aus- und Weiterbildungsmöglichkeiten, ob das Unternehmen bei Bewertungen wie beispielsweise „Great Place to Work" vertreten ist u. ä. Auch sollten Sie darauf achten, ob sich das Unternehmen zu den Mitarbeitern in irgendeiner Weise äußert. Dies gilt es dann nämlich im Gespräch mit dem Unternehmen zu verifizieren. Doch dazu später mehr.

Bewertungen durch die Angestellten

Als nächstes schauen Sie bitte in entsprechende Arbeitnehmer-Bewertungsportale, wie z. B. Kununu.de. Hier werden Unternehmen von ihren Mitarbeitern bewertet, und zwar nach Kriterien wie Vorgesetztenverhalten, Arbeitsatmosphäre, Kommunikation, Arbeitsbedingungen, Verhalten gegenüber Mitarbeitern 45+ u. v. m. Hier bekommen Sie schon einmal einen Eindruck, wie es sich anfühlt, für dieses Unternehmen zu arbeiten. Fallen hierbei sehr viele Kriterien, die für Sie wichtig sind (Achtung: Haben Sie schon die in Schritt 1 erklärten Übungen gemacht? Nein? Dann sollten Sie das jetzt ganz schnell nachholen!) bei einer großen Anzahl von Bewertungen eher negativ aus, dann sollten Sie eventuell von einer Bewerbung absehen.

In Online-Archiven recherchieren

Ein weiterer Punkt ist das Durchsuchen der Online-Archive von Tageszeitungen, um festzustellen, ob zu dem Unternehmen bereits einmal ein Artikel veröffentlicht wurde. Hat dieses Unternehmen beispielsweise vor 12 Monaten einen Skandal in Bezug auf seine Abgaben zu überstehen gehabt, vor 18 Monaten eine kleinere Entlassungswelle hinter sich gebracht oder vor drei Jahren einen Ehrenpreis für eine gelungene Integrationspolitik erhalten, dann wird dies schnell aus dem aktuellen Bewusstsein verschwunden sein. Überdies haben Sie hier einen recht guten Hebel für Rückfragen im Vorstellungsgespräch.

Ist das Unternehmen an dieser Stelle noch immer interessant für Sie, sollten Sie nun einiges über Ihren Ansprechpartner in Erfahrung bringen. Hierzu müssen Sie diesen aber erst einmal identifizieren.

Stellen Sie sich vor, Sie suchen eine Position in der Buchhaltung eines Unternehmens oder im Vertriebsinnendienst.

Sie sehen nun eine Stellenanzeige mit der Beschreibung des Unternehmens, der Stellenbeschreibung, dem Anforderungsprofil und das Ganze endet mit den Worten:

> „... bitte senden Sie Ihre aussagekräftigen Unterlagen inklusive Lichtbild, Lebenslauf, Zeugniskopien ausschließlich per E-Mail an: bewerbung@firma.de. Bei evtl. Rückfragen steht Ihnen Herr Müller aus unserer Personalabteilung unter der Rufnummer 089 - 123456-78 zur Verfügung ...“

Wenn Sie jetzt also mit diesem Unternehmen Kontakt aufnehmen wollen, an wen wenden Sie sich dann?

„Na, an Herrn Müller aus der Personalabteilung“, werden Sie jetzt sagen.

Schon falsch! Bitte merken Sie sich eines: Die Personalabteilung ist nie, niemals, Ihr Ansprechpartner! Es sei denn, Sie wollen in der Personalabteilung arbeiten ...

Wer ist Ihr tatsächlicher Ansprechpartner?

Der Leiter der Personalabteilung weiß im Grunde genommen gar nichts über Ihre konkrete Tätigkeit, die Stimmung in Ihrer Abteilung, das Konfliktmanagement Ihres Vorgesetzten und und und. Seit knapp zehn Jahren mache ich immer wieder die Erfahrung, dass die Personalabteilung in der Regel keine Ahnung von dem hat, was in den entsprechenden Abteilungen gefordert wird.

Gut, sie kennen sich aus mit Löhnen und Gehältern, Akquisekonzepten, technischen Fragen für Vorstellungsgespräche, aber sie wissen im Allgemeinen nicht, was Ihr Vorgesetzter von Ihnen operativ verlangen wird.

Auf keinen Fall soll an dieser Stelle der Eindruck entstehen, dass ich auf dem HR-Bereich herumhacken möchte. Keineswegs. Nur ist das nicht die Abteilung, die Sie wirklich brauchen. Übertrieben formuliert: Die Personalabteilung brauchen Sie im Grunde nur zweimal – an Ihrem ersten und an Ihrem letzten Arbeitstag.

Mit anderen Worten: der richtige Ansprechpartner ist, in unserem Beispiel, der Leiter der Buchhaltung bzw. der Vertriebsleiter.

Das ist der Kontakt, den Sie wirklich brauchen. Also gilt es zunächst einmal, dessen Namen herauszufinden.

Hier gibt es verschiedene Vorgehensweisen:

- Sie schauen auf der Homepage des Unternehmens nach.

- Sie suchen in sozialen Netzwerken (Xing.de u. a.).

- Sie rufen bei dem Unternehmen an.

Sollten Sie sich für die letztere Möglichkeit entscheiden, bedenken Sie, dass die Frage „Und worum geht es?" in jedem Falle kommen wird; beugen Sie ihr also vor – am besten direkt im Vorfeld.

Zunächst gilt es ja auch lediglich den Namen des Ansprechpartners herauszufinden, mehr nicht. Melden Sie sich also u. U. mit:

„Schönen guten Tag, mein Name ist Paul Meyer von der XY-AG. Der Grund meines Anrufs ist der, dass ich mit Ihrem Unternehmen bezüglich einer Kooperation einmal Kontakt aufnehmen möchte und benötige hierzu Ihren Ansprechpartner in der Buchhaltung / Ihren Vertriebsleiter. Wer macht das denn bei Ihnen im Haus?"

In aller Regel kommt jetzt der Name des Ansprechpartners. Notieren Sie ihn sich und scheuen Sie sich, bei aller Aufregung, keinesfalls, noch einmal bezüglich der Schreibweise nachzufragen. Es gibt ein halbes Dutzend Schreibweisen für Meier, mehrere für Schmidt, Schmitz, Schmied usw. und sogar bei Bödeker weiß man nicht unbedingt sofort, wie die richtige Schreibweise ist.

Richtige Schreibweise des Names des Ansprechpartners

Möchte die Zentrale Sie jetzt durchstellen, legen Sie einfach auf, denn für ein direktes Gespräch ist es jetzt noch viel zu früh.

Nachdem Sie also den Namen herausgefunden haben, durchforsten Sie das Internet nach ihm, um möglichst viele Informationen über Ihren Ansprechpartner zu generieren. Höchstwahrscheinlich werden Sie dort auch fündig werden; Entscheider hinterlassen gerne „digitale Fußabdrücke" im Netz, aus denen einiges an Informationen für Sie herausspringt.

Vielleicht war der Ansprechpartner einmal Redner auf einem Kongress, hat zu bestimmten Themen Fachartikel veröffentlicht oder es gibt irgendwo eine Pressemitteilung über seinen Wechsel in die jetzige Firma.

Es ist allerdings ebenfalls möglich, dass Ihr Ansprechpartner über ein Profil in einem Business-Portal verfügt; im Grunde genommen ist es sogar recht wahrscheinlich. Hier ist vor allem Xing.de zu nennen, denn – ohne Schleichwerbung machen zu wollen – dieses Portal benötigen Sie unbedingt. Einerseits sind hier außerordentlich viele Stellenanzeigen aufgeführt, die Sie kaum in anderen Medien finden; verzichten Sie auf eine Mitgliedschaft in diesem Portal, entgehen Ihnen schon einmal eine ganze Reihe wirklich interessanter Stellen. Andererseits zeugt ein interessant und professionell gestaltetes Profil auch über eine gewisse Medienkompetenz und hilft Firmen, die an Ihnen interessiert sind, Ihre Vernetzung im Markt zu evaluieren. Und schließlich ist es eben sehr wahrscheinlich, dass Sie Ihren Ansprechpartner hier finden.

Ist dies der Fall, haben Sie als ersten Eindruck wenigstens schon einmal ein Bild von Ihrem Ansprechpartner vor Augen. Wie wichtig das ist, erkennen Sie u. a. daran, dass Firmen ja auch ein Bild von Ihnen wünschen, wenn Sie ihnen Ihre Bewerbungsunterlagen übersenden.

Außerdem können Sie diesem Profil entnehmen, wo Ihr Ansprechpartner seine Ausbildung genossen hat, in welchen Bereichen oder Branchen er bisher tätig gewesen ist, wie lange er im gegenwärtigen Unternehmen schon dabei ist, ob er sich dort „hochgearbeitet" hat oder eben als Seiteneinsteiger in die bisherige Position gerutscht ist, wie viele Stellen er bisher inne hatte, welche Präferenzen er hat, welche Interessen, Hobbys, in welchen Business-Clubs er u. U. Mitglied ist usw.

Mit anderen Worten: Sie erhalten eine sehr beachtliche Menge an Informationen, die Ihnen

a ein ungefähres Bild von Ihrem zukünftigen Vorgesetzten vermitteln und

b einen ganz erheblichen Vorsprung im persönlichen Vorstellungsgespräch gegenüber den anderen (Mit-)Bewerbern. Wichtig sind doch in solchen Gesprächen nicht die funktionalen Kompetenzen, sondern eher die Gemeinsamkeiten – und was eignet sich da besser, als beispielsweise gemeinsame Hobbys oder Interessen? Hierzu gibt es einige vertiefende Beispiele im Kapitel „Vorstellungsgespräch".

Also:

Sie haben sich ein erstes Bild von Ihrem Ansprechpartner gemacht. Einen ersten Eindruck gewonnen. Nun sollten Sie sich wiederum die Frage stellen, ob Sie sich vorstellen könnten, mit dieser Person zusammen zu arbeiten. Falls dem so ist, rufen Sie diesen Ansprechpartner immer noch nicht an, sondern tun jetzt folgendes:

Geben Sie in die Xing-Suchmaske bei „ehemalige Arbeitgeber" den Namen des Unternehmens ein, bei dem Sie sich tendenziell bewerben möchten. Das System spuckt nun sämtliche Mitarbeiter aus, die irgendwann einmal in diesem Unternehmen gearbeitet haben. Diese Profile schauen Sie sich an.

Suche über Xing - aber richtig!

Da finden Sie u. U. Frau Meier, die von 2001 – 2006 dort tätig war
→ für Sie uninteressant, da zu lange her.

Außerdem vielleicht Frau Müller, die zwar von 2005 – 2012 dort tätig war, aber eben in der Telefonzentrale
→ für Sie ebenso uninteressant, da es sich um eine völlig andere Abteilung handelt, als die, in der Sie sich bewerben möchten.

Aber:

Sie finden dort vielleicht Frau Schmidt, die von 2008 – 2012 in genau dieser Abteilung oder diesem Bereich gearbeitet hat. Und nicht nur das: Ein Abgleich der Daten zeigt Ihnen, dass Frau Schmidt und Ihr Ansprechpartner einige Jahre zeitgleich dort gearbeitet haben; sich also kennen. Bingo!

Glauben Sie mir: Bei einem normalen mittelständischem Unternehmen finden Sie, lieber Leser, etliche „Frau Schmidts".

Diese ehemalige Mitarbeiterin gilt es nun zu kontaktieren. Schreiben Sie sie ruhig direkt über das Portal an, Sie haben dort nämlich die Möglichkeit, Nachrichten an Mitglieder zu versenden.

Wenn Sie selbst mit einem professionellen und sympathischen Profil angemeldet und somit auch „sichtbar" sind, steigert dies die Wahrscheinlichkeit, dass „Frau Schmidt" auf Ihre Anfrage reagiert.

Diese könnte zum Beispiel den folgenden Text enthalten:

> Sehr geehrte Frau Schmidt,
>
> in Ihrem hochinteressanten Profil habe ich gelesen, dass Sie von 2008-2012 bei der XY-GmbH in der Abteilung ABC beschäftigt waren.
>
> Da ich mich aktuell in einem Rekrutierungsprozess in eben diesem Bereich befinde, wollte ich Sie fragen, ob Sie vielleicht ein paar Minuten für mich erübrigen könnten, um sich mit mir hierüber auszutauschen. Wenn Sie möchten, erreichen Sie mich unter 0176 – 103 ... oder aber Sie senden mir eine Rufnummer und ein Zeitfenster, an dem ich Sie kontaktieren darf.
>
> Es wäre wirklich sehr schön, wenn Sie mir hierbei behilflich sein könnten.
>
> Ich freue mich auf Ihre Rückmeldung und verbleibe
>
> mit freundlichen Grüßen aus Seeshaupt,
>
> Meik Bödeker

Falls nun der eine oder andere von Ihnen an dieser Stelle denkt: „Boah, das klappt doch niemals!" lassen Sie mich bitte zwei Dinge anfügen:

Lesen Sie bitte in Schritt 1 den Absatz über die Glaubenssätze noch einmal; denn woher wollen Sie wissen, dass es nicht funktioniert, ohne es jemals ausprobiert zu haben?

UNMÖGLICH

Und seien Sie versichert: Wir haben diese Art der Kontaktaufnahme in zahllosen Coachings seit etlichen Jahren durchgeführt und eine Antwortquote (und somit später dann erfolgte Gespräche) zwischen 60 % und 70 % generiert.

Sie haben nun also ein Gespräch / ein Telefonat mit dieser ehemaligen Mitarbeiterin. Hier würde ich wirklich empfehlen, einen langsamen und vorsichtigen Einstieg zu wählen.

In etwa

> „Liebe Frau Schmidt, vorab erst einmal ganz herzlichen Dank, dass Sie sich die Zeit nehmen und die Mühe machen, mir hierbei zu helfen. Mich würde zunächst einmal interessieren ..."

Und dann sollten Sie einige Fragen stellen, die Sie sich im Vorfeld gut überlegt und notiert haben. Die für Sie wichtig sind, in denen genau die Kriterien abgefragt werden, die Ihnen bei Ihrem letzten oder gegenwärtigen Job am Meisten gefehlt haben. Diese ergeben sich aus den beiden Übungen aus Schritt 1, die Sie (hoffentlich) mittlerweile gemacht haben.

Stellen Sie die w(r)ichtigen Fragen

Dies könnten Fragen sein wie „auf der Homepage steht u. a., dass die Firma viel Wert auf Aus- und Weiterbildung ihrer Mitarbeiter legt. Inwieweit unterstützen sie die Mitarbeiter denn hierbei?"

Durchaus möglich, dass Frau Schmidt dann völlig überrascht antwortet:

„Ach echt? Das steht da? Das wäre mir neu ...“

Und schon haben Sie einen Hinweis, wie ernst das Unternehmen es mit der Umsetzung meint. Oder aber die Antwort hätte auch lauten können:

> „Stimmt, die haben verschiedene Kurse im Intranet, für deren Buchung man sich mit der HR-Abteilung auseinandersetzen muss, die erledigen das.“

Dies wäre dann wiederum ein Hinweis, dass das dort auch wirklich gelebt wird.

Nehmen Sie durchaus Bezug auf Kriterien, die in Bewertungsportalen wie Kununu.de kritisch angemerkt wurden. Möglicherweise haben sich bestimmte Dinge mittlerweile deutlich verbessert.

Weitere Fragen, die evtl. wichtig sein könnten, wären beispielsweise:

> „Wie würden Sie, liebe Frau Schmidt, die Unternehmenskultur bei XY beschreiben?“

> „Wie, denken Sie, ist dort das Führungsverhalten seitens der Vorgesetzten?“

> „Was, meinen Sie, zeichnet nach Meinung des Herrn/der Frau ... einen guten Mitarbeiter aus? Was ist ihm/ihr wichtig?“

Ist dieses Gespräch erst einmal in angenehmer Atmosphäre verlaufen, können Sie auch durchaus persönlichere Fragen stellen, wie z. B.:

> „Ich hoffe, Frau Schmidt, das ist jetzt nicht zu indiskret, aber darf ich Sie fragen, warum Sie das Unternehmen verlassen haben?“

Auch können Sie, offen und direkt, nach Ihrem potentiellen Vorgesetzten fragen:

> „Sagen Sie mal, Frau Schmidt, der Herr ..., wie ist der denn so?"

Sicherlich wird Ihnen besagte Frau Schmidt nicht sofort sagen, dass es sich bei dem Vorgesetztem um einen kompletten Idioten oder hochgradigen Choleriker handelt. Hier gilt es, genau auf Zwischentöne zu achten.

Achten Sie auf
Zwischentöne

Bei zahllosen Gesprächen dieser Art sind mir schon Bemerkungen untergekommen wie:

> „Nun, wenn Sie mit Herrn ... einmal eine Meinungsverschiedenheit haben, dann brauchen Sie schon wirklich gute Nerven"

oder auch

> „Den kann irgendwie nichts, aber auch gar nichts aus der Ruhe bringen"

oder eben auch

> „Manchmal macht er irgendwie einen hektischen Eindruck, dann redet er zu schnell und handelt dann mitunter auch etwas vorschnell"

oder andere Bemerkungen dieser Art.

Bitte bedenken Sie: Sie sprechen ja sicherlich nicht ausschließlich mit Frau Schmidt, sondern haben wahrscheinlich mehrere ehemalige Mitarbeiter identifiziert. Selbst wenn die Meinungen vereinzelt auseinandergehen, so ergeben sich doch sicherlich Kongruenzen über das Unternehmen, das Betriebsklima oder das Verhalten des Vorgesetzten und schon haben Sie ein verhältnismäßig abgerundetes Bild.

Sprechen Sie mit
möglichst vielen
Ehemaligen

„Das ist aber mühsam" werden Sie jetzt unter Umständen denken.

Oh ja, das ist es!

Qualität statt Quantität

Und schon gar nicht werden Sie auf diese Weise in der Lage sein, -zig Bewerbungen jede Woche rauszudonnern. Stimmt. Das sollen Sie aber auch gar nicht. Das ganz Entscheidende bei der bisherigen Vorgehensweise ist ja, dass Sie massiv an der Qualität Ihres Bewerbungsprozesses arbeiten, nicht an der Quantität.

Diese hat Ihnen bisher nicht wirklich viel gebracht, stimmt's?

Also sollten Sie es einmal mit einer komplett anderen Vorgehensweise probieren, selbst wenn diese Ihnen etwas mühevoll erscheint.

Überlegen Sie einmal:

Wenn Sie im Job sind, wie viele Stunden verbringen Sie an Ihrem Arbeitsplatz? Auf dem Weg dorthin? In Gedanken daran, selbst wenn Sie zu Hause sind? Insgesamt 50 Stunden in der Woche? Das sind alleine in den ersten drei Monaten 600 Stunden! Was bedeutet es schon, dass der gesamte Bewerbungsprozess vielleicht zusammengerechnet 12–15 Stunden dauert?

Eine verschwindend geringe Anzahl, nicht wahr?

Nachdem Sie sich also über Bewertungsportale, soziale Netzwerke und in etlichen Gesprächen und Telefonaten über die ausgeschriebene Position, das Unternehmen, seine Strategie, Ihren potentiellen Vorgesetzten erkundigt und ein erstes Bild gemacht haben, vergleichen Sie es mit den beiden Übungen aus dem ersten Schritt.

Überlegen Sie in Ruhe, ob Sie sich wirklich vorstellen könnten, dort zu arbeiten und einen tollen und befriedigenden Job zu haben. Wenn die Antwort „Ja" lautet, dann – aber erst dann – gehen Sie weiter zum nächsten Schritt.

Meine Notizen:

3. Schritt:

Erstellen der

Bewerbungsunterlagen

Was ist Ihrer Meinung nach das Wichtigste bei den Unterlagen?

Oder, mit anderen Worten: Stellen Sie sich vor, ein Arbeitskollege hielte Ihnen eine Bewerbungsmappe hin und sagte:

> „Du, ich habe hier ein paar Bewerbungsunterlagen von einem ganz interessanten Kandidaten. Schau sie Dir doch mal an und sag' mir, was Du von ihm hältst."

Nun halten Sie diese Unterlagen in den Händen. In der Sekunde, bevor Sie sie aufschlagen: Was interessiert Sie am meisten?

Das Foto, nicht wahr?

Sicher schaut man auch nach dem Lebenslauf und den Zeugnissen, aber zunächst einmal will man doch wissen, wie der Bewerber / die Bewerberin aussieht. Und wenn an dieser Stelle schon keine Sympathie aufkommt, liest man in der Regel kaum noch weiter.

Wichtig:
Das Foto, das Foto und nochmal das Foto!

Wenn wir, lieber Leser, uns darauf verständigen, dass das Foto das Wichtigste bei den Bewerbungsunterlagen ist, dann kommt jetzt natürlich die folgende Frage:

Wie finden Sie eigentlich Ihr Bewerbungsfoto?

Gelungen? Sind Sie von Ihrem Foto begeistert? Nein?

Wenn Sie es schon selbst nicht sind, wie wollen Sie dann andere von sich überzeugen?

Wie viel Zeit haben Sie mit der Erstellung des Fotos verbracht? Ich hoffe deutlich mehr, als mit den restlichen Unterlagen. Mehr als beim Anschreiben?

99 % meiner Kandidaten schütteln an dieser Stelle den Kopf; dabei ist das Foto, wie Sie selbst sagen, so ungemein wichtig, während Sie das Anschreiben im Grunde völlig vergessen können. Aber dazu später mehr.

Was, denken Sie, ist denn bei einem Bewerbungsfoto überhaupt wichtig?

Welche Eigenschaft soll dieses Bild transportieren?

Sympathie entscheidet

Stelle ich diese Frage in meinen Seminaren, ist die meistgenannte Antwort „Sympathie". Das ist offensichtlich das entscheidende Kriterium. Nicht Attraktivität. Nicht Perfektion. Nicht eine ausdruckslose Puppe, als die sich die meisten Menschen auf ihren Bewerbungsbildern präsentieren.

Wie aber soll Sympathie auf einem Bild zum Ausdruck kommen?

Vielleicht stellt sich zunächst einmal die Frage, wer dieses Foto überhaupt macht. Die meisten Bewerber gehen aus diesem Grunde zu einem professionellen Fotografen. Dagegen lässt sich pauschal erst einmal nichts einwenden und schon gar nicht möchte ich das Berufsbild der Fotografen herunterspielen, nur:

Wie soll er denn Ihr Wesen, Ihren Charakter, Ihre Ausstrahlung einfangen?

Er kennt Sie doch gar nicht. Was ich meine, ist folgendes: Ein Fotograf ist jemand, der alles Mögliche fotografiert; Hochzeiten, Kindergeburtstage, Landschaften, Stillleben, einfach alles.

Und dieser soll Sie jetzt möglichst optimal darstellen.

Doch wie teuer sind Bewerbungsfotos? 25 €? 30 €?

Mit anderen Worten: Der Fotograf hat maximal eine Vier-
telstunde Zeit (denn sonst funktioniert sein Geschäftsmodell
gar nicht) Sie kennen zu lernen, Ihre Stärken zu erkennen,
diese zu reflektieren auf die Art des Jobs oder die Branche, in
der Sie sich bewerben möchten, Sie an die völlig ungewohnte
Situation eines Fotostudios zu gewöhnen, Sie ggf. abzupu-
dern, optimal auszuleuchten, um dann in mehreren Variatio-
nen Bilder von Ihnen zu machen und diese im Nachgang mit
Ihnen zu besprechen und Empfehlungen auszugeben.

Glauben Sie, dass das funktioniert? Und glauben Sie überdies, er würde Ihnen offen und ehrlich sagen, dass beispielsweise die Bluse, die Sie ausgesucht haben, nicht ganz so vor-
teilhaft für Sie ist? Glauben Sie das wirklich?

Für diejenigen, die schon mal Bewerbungsfotos haben erstellen lassen: Hat der Fotograf Sie jemals gefragt, auf was für
eine Stelle Sie sich bewerben möchten? In welcher Branche?
Oder bei welcher Firma? Oder macht er immer dieselben
Bewerbungsfotos, ganz gleich, ob Sie Werbetexter, medizini-
sche Fachangestellte oder Bürokauffrau sind?

Vielleicht sollte man auch an dieser Stelle einmal hinterfragen, ob nicht ein anderer Weg zielführender sein kann.

Machen Sie doch mal Bewerbungsbilder, z. B. zusammen
mit Ihrer besten Freundin. Ihrem großen Bruder. Ihrem Lebensgefährten. DAS sind nämlich genau die Menschen, die
Sie in- und auswendig kennen, in allen Facetten, mit all Ihren
Stärken und Schwächen.

Sind Sie ein
Model? Nein?
Tja dann...

Und falls Sie jetzt sagen: „Ja, aber das sind keine professionellen Fotografen.", kann ich nur erwidern: stimmt! Na und?

Wichtig ist doch zunächst einmal, dass Sie einigermaßen natürlich und sympathisch wirken. Hierzu benötigen Sie auch eine natürliche Umgebung. Stellen Sie sich einmal die Situation in einem Fotostudio vor, einem Raum ohne natürlichem Licht, mit vielen verschiedenen Hintergründen, einer kleinen „Bühne" in der Mitte, auf der lediglich ein kleiner Hocker steht, auf dem Sie jetzt Platz zu nehmen haben, und dann sehen Sie sich um ... diese „umgedrehten Regenschirme" als Lampen, Strahler, Leuchtwände, Reflektoren ... und dann, versteckt hinter einer Kamera auf einem Stativ, der Fotograf, der zu Ihnen sagt: „So, und jetzt seien Sie einmal ganz natürlich ..."

Schwierig, sich in dieser Situation sympathisch darzustellen. Nicht unmöglich, aber schwierig.

Noch einmal:

Der Gang zu einem Fotografen ist natürlich grundsätzlich nicht falsch. Mein Portrait-Foto für dieses Buch ist ebenfalls von einem professionellen Fotografen erstellt worden. Nur kenne ich diesen schon seit Jahren, er weiß, wie ich zu nehmen bin und dennoch hat die ganze Session mehrere Stunden gedauert. Zeit, die ein Fotograf für einfache Bewerbungsfotos nicht hat. Es sei denn, Sie bezahlen dafür.

Also:

Sorgen Sie zunächst einmal dafür, dass Sie sich in einer natürlichen, vertrauten Umgebung befinden. In Ihrer Wohnung zum Beispiel. Jetzt zum Hintergrund: Vielleicht haben Sie eine Wand in einer Farbe, die passen würde. Oder eine Decke. Oder ein Bettlaken. Es muss ja nicht über die ganze Länge passen, sondern lediglich über den Bereich von der Hüfte bis knapp über den Kopf. Dann beraten Sie sich mit Ihrer Freundin, Ihrem Lebensgefährten hinsichtlich Ihrer Garderobe. Probieren Sie ruhig verschiedene Outfits aus.

Wenn Sie jetzt mit den Bildern beginnen, bedenken Sie, dass digitale Fotografie praktisch nichts kostet. Probieren Sie also alle möglichen Varianten aus. Zunächst einmal sollten Sie ruhig eine ganze Serie von Bildern machen, bei denen Sie vom Bauch an aufwärts zu sehen sind. Auch gerne aus einer Bewegung heraus. Durchaus mit bestimmten Gesten. Da Sie diese Bilder ja mit einem bekannten Menschen machen, werden Sie nach einer Weile auch sicherlich lockerer und gelöster – mithin authentischer. Sicher kann eine solche Session mehrere Stunden dauern – warum denn auch nicht? Überlegen Sie, wie viel Zeit Sie mit dem Erstellen anderer Unterlagen verbracht haben und vor allem, wie wichtig das Bild ist.

Machen Sie ein Bild von sich

Es gibt hinsichtlich des Bewerbungsfotos keine wirklichen Regeln; man sollte Sie als Persönlichkeit, Ihre Art, Ihr Wesen gut erkennen können. Täuschen Sie mit einem gestellten Foto vor jemand anderes zu sein, als der, der Sie tatsächlich sind, merkt Ihr Gegenüber es sowieso – spätestens beim Vorstellungsgespräch.

Vielleicht noch eines: Idealerweise tragen Sie auf den Bildern die gleiche Kleidung wie beim Vorstellungsgespräch; nichts ist für den ersten Eindruck so gut, wie ein möglichst hoher Wiedererkennungswert.

Wichtig: Hoher Wiedererkennungswert

Das bedeutet insbesondere für die weiblichen Leser, dass Sie dann auch noch die gleiche Frisur haben sollten, die Haare also entsprechend offen oder geschlossen sind und, wenn Sie zeitweise Brillenträger sind, achten Sie auch hier darauf, wie Sie zum Vorstellungsgespräch erscheinen. Männer sollten sich idealerweise nicht kurz vor dem Gespräch den auf dem Foto noch vorhandenen Vollbart abrasieren.

Schließlich noch die Frage, wo das Foto genau hin soll.

Nun, ganz bestimmt hat es nichts auf dem tabellarischen Lebenslauf verloren. Das hat man früher vielleicht so gemacht; dies ist aber schon lange nicht mehr üblich.

Nein, das Foto kommt auf ein so genanntes Deckblatt. Auf diesem steht oben, mittig, ein kurzer Text wie „Ich möchte mich vorstellen" oder „Bewerbung als Mitarbeiter im Vertriebsinnendienst" oder „Ich möchte mich bewerben".

Ein Bild sagt mehr als tausend Worte

Dies alles relativ groß geschrieben, gerne Arial, fett, Größe 28. Dann Ihr Foto und zwar groß und deutlich, in etwa in der Größe einer Zigarettenschachtel und darunter dann Ihr Name und Ihre Anschrift. So groß? Ja, unbedingt. Sagen Sie: „Hallo, da bin ich!" indem Sie auch bei dem Ansprechpartner die allerwichtigste Frage – nämlich „Wie sieht er/sie denn aus?" – gleich offensiv beantworten. Seien Sie nicht schüchtern! Sie müssen sich doch nicht verstecken.

Zu den Unterlagen:

Im Allgemeinen sollten Sie beim Erstellen der weiteren Unterlagen darauf achten, dass Sie beim Versenden der Bewerbung einige Regeln beachten:

- Erstellen Sie auf gar keinen Fall eine Anlage mit dem Namen „Anschreiben". Das Anschreiben ist der begleitende Text in Ihrer E-Mail, nichts anderes.

- Senden Sie bei elektronischen Bewerbungen niemals mehr als eine Anlage mit aus. Es gibt nichts Dümmeres und Peinlicheres, als wenn der Ansprechpartner erst umständlich drei oder vier Anlagen öffnen muss, bis er alle Informationen beisammen hat.

- Die Reihenfolge der Unterlagen sollte sein:
  1. Deckblatt mit Lichtbild, Name und Adresse
  2. der tabellarische Lebenslauf
  3. Arbeitszeugnisse in umgekehrt chronologischer Reihenfolge
  4. Studien-/Ausbildungszeugnisse
  5. Schulzeugnisse (natürlich nur, wenn gefordert)

Eines noch zum tabellarischen Lebenslauf:

Unter gar keinen Umständen sollte dieser länger als eine DIN A4-Seite sein. Eiserne Regel. Und bevor der eine oder andere von Ihnen jetzt aufstöhnt und überlegt, wie er das anstellen soll: es geht. Es ist völlig problemlos möglich, Lebensläufe mit mehreren Schulen, zwei Studienabschlüssen, sechs Arbeitgebern, drei Fremdsprachen, drei Auslandsaufenthalten sowie der Aufzählung funktionaler Kompetenzen wie PC-Kenntnisse usw. auf einer Seite zu formatieren. Und das Ganze in Arial 11.

Oftmals finden sich in Lebensläufen noch Stichpunkte dessen, welche Tätigkeiten in den entsprechenden Positionen konkret ausgeführt wurden. Lassen Sie dies weg. Wenn ich als Ansprechpartner von einem Bewerber wissen möchte, was genau er bei der Firma XY als Sachbearbeiter gemacht hat, schaue ich wahlweise in sein Arbeitszeugnis oder frage ihn beim Vorstellungsgespräch.

Diese Aufzählungen sind nur zielführend bei Bewerbungen in Zeitarbeitsfirmen. Möchten Sie sich dort bewerben?

Senden Sie Ihre Unterlagen nicht als Word-Dokument aus. Je nachdem, welchen Rechner der Empfänger hat, zerschießt es ihm das Format. Erstellen Sie Ihre Unterlagen immer im pdf-Format. Im Netz gibt es zahllose kostenlose Konvertierungsprogramme.

Noch einmal zum Lebenslauf: Falls Sie schon mal arbeitslos waren, bezeichnen Sie bitte diesen Zeitraum nicht mit „aktiv arbeitssuchend". Das macht überhaupt keinen Sinn oder können Sie mir erklären, wie man „passiv" nach Arbeit sucht?

Haben Sie kleinere Lücken im Lebenslauf, sind diese u. U. zu kaschieren, indem Sie bei den verschiedenen Tätigkeiten Monats- oder evtl. sogar nur Jahresangaben machen. Schreiben Sie in diesem Falle einfach:

1993 – 1996	Air UK – Vertriebsleiter Süddeutschland
1996 – 2000	COMBERA – Bereichsleiter T-Selling
2000 – 2002	Travel24.com – Leiter Großkunden-betreuung
2002 – 2003	Andtech GmbH – Director Marketing & Sales

Verwenden Sie keine Serifenschrift. Zahlreiche Untersuchungen belegen, dass das Lesen von Texten in Serifenschrift zwischen 30 % und 35 % mehr Zeit in Anspruch nimmt. Schreiben Sie also nicht in Times New Roman, sondern in Arial, Verdana oder Calibri. Bei einem längeren Text, wie diesem Buch zum Beispiel, ist jedoch eine Serifenschrift für den Leser angenehmer. Deswegen lesen Sie gerade dieses Buch in Times New Roman. Aber die Bewerbung sollte ja kurz und knackig sein und daher das Ganze auf jeden Fall serifenlos.

Achten Sie darauf, dass die Größe Ihres Dateianhanges keinesfalls 5 MB, noch besser 2 MB, übersteigt. Ist dies dennoch der Fall, liegt es meistens daran, dass das Foto oder die eingescannten Zeugnisse mit einer zu hohen Auflösung hineinkopiert wurden. Sie können diese Bilder (jpegs oder tifs sind eigentlich immer zu groß) mit zahlreichen kostenlosen Programmen hinsichtlich ihrer Auflösung ohne sichtbaren Qualitätsverlust verkleinern. Im Zweifelsfall lieber das Foto mit höherer Auflösung in die Bewerbung setzen und bei den Zeugnissen an der Bildqualität sparen.

Gewährleisten Sie, dass Sie eine vernünftige E-Mail-Adresse haben. Sie würden sich wundern, wie viele durchaus ansprechende Bewerbungen eingehen von Mailadressen wie: „honey-bunny71@..., coolesocke2.4.78@..." und ähnlichem. Nehmen Sie eine Adresse, die idealerweise Ihren Vor- und Zunamen enthält. Oder aber, das

muss dann aber wirklich zu Ihrer Person, der Branche und der entsprechenden Unternehmenskultur der jeweiligen Firma passen, Sie wählen eine ausgefallene Adressen wie: Ihre_Favoritin@... / Der_Top_Bewerber@... / Ein-toller-Kandidat@...

Alle genannten Adressen hat es wirklich gegeben, aber noch einmal: Es muss auf jeden Fall zur Firma passen. Sehr geeignet sind entsprechende E-Mail-Adressen für kreative Branchen, den Vertrieb, Grafiker und Designer, Werbetexter, Trainer u. ä. und eben auch einmal durchaus für jüngere Kandidaten; hier erwartet man kreative Ideen, neue Impulse, Esprit und die Fähigkeit, auch durchaus einmal leicht quer zu denken.

- Achten Sie auf ein fehlerfreies Anschreiben. Bevor Sie jetzt meinen, dies sei eine Selbstverständlichkeit, hier eine kurze Statistik:

Bei meinen letzten beiden Akquiseaufträgen war in den Stellenanzeigen mein Name aufgeführt. Bei den ausgeschriebenen Positionen handelte es sich um qualifizierte Tätigkeiten mit Zielgehältern zwischen 50.000 € und 70.000 € Jahresgehalt. Bei der einen Stelle gingen 142 Bewerbungen ein; bei der anderen 171. Davon haben bei der ersten Stelle 109 Bewerber meinen Namen falsch geschrieben (nämlich mit „ck") bei der anderen 127. Sie sehen also: Die richtige Schreibweise scheint eher die Ausnahme zu sein als die Regel ...

Vermeiden Sie Fipptehler

Kommen wir nun zu einem weiteren Punkt: dem Anschreiben.

Wenn Sie eine Absage auf eine Bewerbung bekommen, was – abgesehen von der Tatsache, dass es eben eine Absage ist – stört Sie, lieber Leser, am meisten?

Stelle ich diese Frage in Seminaren, erhalte ich oft zur Antwort:

„Dass es ohne irgendeine handfeste Begründung geschrieben wurde."

„Dass es total lieblos formuliert ist."

„Dass es irgendein blödes Standardschreiben ist."

So weit, so gut.

Und jetzt schauen Sie sich doch einmal die Art und Weise an, mit der die meisten Bewerbungsanschreiben aufgesetzt sind:

Sehr geehrter Herr Bödeker,

mit großem Interesse habe ich Ihre Stellenanzeige in der Süddeutschen Zeitung vom vergangenen Samstag gelesen. Sie suchen einen Mitarbeiter im Vertriebsinnendienst, der neben einschlägiger Berufserfahrung noch über gute Excel-Kenntnisse sowie eine kaufmännische Ausbildung verfügt.

Ich erfülle diese Voraussetzungen und möchte mich ≠um diese Stelle bewerben.

Nach meiner Ausbildung zum Industriekaufmann bei der Firma ABC war ich zunächst bei der Firma DEF beschäftigt wo ich ... und ... sowie ... zu verantworten hatte. Danach wechselte ich zu GHI, wo das ... sowie das ... und das ... in mein Aufgabengebiet fiel.

Momentan befinde ich mich in ungekündigter Position bei der Firma JKL. Zu meinen hiesigen Aufgaben gehört neben ... noch das ...

Ich könnte Ihrem Unternehmen frühestens zum ... zur Verfügung stehen.

In mir finden Sie einen kompetenten, motivierten und sehr kollegialen Mitarbeiter.

Über eine Einladung zu einem Vorstellungsgespräch freue ich mich sehr.

Mit freundlichen Grüßen

Unterschrift

Ja, hallo, was soll das denn?

Ist das etwa nicht ohne handfeste Aussage?

Lieblos?
Standardisiert?

Haben Sie sich einmal überlegt, wie sich der arme Ansprechpartner im Unternehmen fühlen muss, der Dutzende solcher immer gleich klingender Anschreiben zu lesen hat?

Wenn Sie sagen, dass Sie sich am meisten über lieblose und standardisierte Serienbriefe bei Absagen ärgern, dann, lieber Leser, dürfen Sie aber solch ein Anschreiben keinesfalls verwenden – nicht wahr?

Nochmal:
Keine Standards!

Um aufzuzeigen, wie inhalts- und ziellos diese Form eines Anschreibens ist, sollten wir dieses einmal in Ruhe analysieren:

> Sehr geehrter Herr Bödeker,
>
> mit großem Interesse habe ich Ihre Stellenanzeige in der Süddeutschen Zeitung vom vergangenen Samstag gelesen.

→ Nein. Erstens versteht es sich von selbst, dass Sie die Stellenanzeige mit großem Interesse gelesen haben, sonst würden Sie ja keine Bewerbung schreiben, und zweitens haben Sie diese Stellenanzeige nicht in der SZ gelesen, sondern „auf Ihrer interessant und sehr informativ gestalteten Homepage" (natürlich nur, wenn Sie die Stelle auf der Homepage auch wirklich gefunden haben).

Zum einen dokumentiert dies, dass Sie sich mit dem Unternehmen bereits auseinandergesetzt und somit auch ein weitergehendes Interesse haben, zum anderen ist es dann nicht so auffällig, dass Sie einen Job suchen. Ferner schadet es nicht, mit positiv beladenen Füllwörtern wie eben „interessant" und „informativ" ein nettes Feedback zu geben.

> Nach meiner Ausbildung zum ... war ich ... bin ich ... werde ich ... will ich ...

→ Fällt Ihnen etwas auf? Ich Ich Ich – die ganze Zeit. Geht man so miteinander um?

Stellen Sie sich, auch wenn es auf den ersten Blick weit hergeholt zu sein scheint, doch einmal vor, Sie lernen jemanden kennen, ganz gleich wo und bei welcher Gelegenheit. Und dieser jemand erzählt von der allerersten Minute an nur von sich. Was er alles gemacht hat, was er alles kann, was für ein toller Hecht er ist.

Wie fänden Sie das? Langweilig? Enervierend? Unhöflich?

Ja, und genau das ist es. Wie wollen Sie denn jemanden für sich begeistern, wenn Sie permanent nur von sich erzählen? Und gewissermaßen gleich mit der Tür ins Haus fallen?

Ein Arbeitgeber stellt sich zunächst einmal die Frage: Warum will der Bewerber bei mir arbeiten? Weil er nur irgendeinen Job sucht oder will er tatsächlich vor allem in *meinem* Unternehmen arbeiten? Letzteres ist dem Arbeitgeber wichtiger als vieles andere.

Also, lieber Leser, beantworten Sie diese Frage nach dem „Warum" am Besten, bevor sie richtig gestellt ist.

Sie könnten beispielsweise beginnen mit einer Eröffnung wie:

Auf Ihrer spannenden und interessanten Homepage habe ich gelesen, dass Sie in den letzten Jahren eine internationale Strategie fahren. Zum einen um Schwankungen in den verschiedenen Märkten besser abfedern zu können und sich zum anderen Ihr Produktportfolio auf diese Weise besser vermarkten lässt. Als jemand, der zwei Fremdsprachen beherrscht und seit Jahren Interesse an einem internationalen Marktumfeld hat, bin ich überzeugt, einen Mehrwert für Ihr Unternehmen bieten zu können ...

Als Familienunternehmen, welches bereits seit 1957 sehr erfolgreich am Markt tätig ist und seitdem nicht nur für langjährige, erfolgreiche Planung steht, sondern jede nur erdenkliche Krise in den vergangenen Jahrzehnten gemeistert hat, bieten Sie nicht nur ein enormes Vertrauen für Ihre Kunden und Mitarbeiter, sondern haben auch ...

Ihre offen und freundlich gestalteten Verkaufsräume sind mir als Kunde in den vergangenen Jahren schon sehr oft positiv aufgefallen. Ebenso Ihr Team, welches auch in Zeiten größter Hektik immer kompetent und jederzeit freundlich und gut gelaunt wirkt. Ich wäre, ehrlich gesagt, sehr gerne Teil eines solchen Teams ...

Nochmal:

Entscheidend ist, dass Sie zunächst erklären, wie Sie das Unternehmen wahrgenommen haben, wie Sie es sehen, was Ihnen an diesem Unternehmen zusagt und dann erst, welchen Mehrwert Sie für das Unternehmen bieten können. Die erforderlichen Informationen gewinnen Sie aus der Homepage des Unternehmens oder auch aus den Online-Archiven verschiedener Tageszeitungen.

Ich könnte Ihrem Unternehmen frühestens zum ... zur Verfügung stehen.

→ Sofern es nicht in der Stellenanzeige nachgefragt wurde, ist es in hohem Maße unprofessionell. Anbiedernd, viel zu früh und u. U. auch völlig obsolet, da bei gegenseitigem Interesse vielleicht ein völlig neues Arrangement mit Ihrem gegenwärtigen Arbeitgeber geschlossen wird.

> In mir finden Sie einen kompetenten, motivierten und sehr kollegialen Mitarbeiter.

→ Glauben Sie, dass die anderen Mitarbeiter das nicht sind?

Wir haben das 3. Jahrtausend, da erwarte ich genau diese Eigenschaften von all meinen Mitarbeitern; diese verdienen doch keiner besonderen Erwähnung mehr. Schließlich schreibe ich ja auch nicht: „Ich haue meinem Chef nicht auf die Nase."

Das Offensichtliche muss ich doch nicht extra erwähnen! Und schon gar nicht im Anschreiben.

Schließlich: Wer sagt denn, dass Sie kompetent sind? Sie selbst? Ist Ihr Eigenbild denn immer so schlüssig? (Denken Sie an die 2. Übung in Kapitel 1) Und wenn Ihr Chef Sie so wahrgenommen hat, müssen Sie es auch nicht extra erwähnen.

Es steht nämlich in Ihrem Arbeitszeugnis ...

Offensichtlich ist das Offensichtliche eh' offensichtlich

> Über eine Einladung zu einem Vorstellungsgespräch freue ich mich sehr.

→ Warum?

Sie kennen den Leser Ihrer Bewerbung doch gar nicht. Warum freuen Sie sich denn über eine Einladung?

Damit alleine ist doch nichts gewonnen. Glauben Sie, Ihre Chancen zu verbessern, indem Sie dem Ansprechpartner nahelegen „Bitte laden Sie mich doch unbedingt zu einem Vorstellungsgespräch ein"? Wie wollen Sie dann, wenn es tatsächlich zu einem Vorstellungsgespräch kommt, erfolgreich verhandeln?

> Weitere Details stimme ich gerne in einem persönlichen Gespräch mit Ihnen ab.

→ DAS ist mal eine Aussage, die impliziert, dass man sich bei gegenseitigem Interesse zusammensetzen könnte, um zu sehen, ob es eine weitere gemeinsame Basis gibt.

Bitte verzichten Sie unbedingt auf diese standardisierten Anschreiben. Haben Sie Mitleid mit denen, die Ihre Bewerbung (und noch viele, viele andere) auf dem Tisch haben.

Hinterfragen Sie unbedingt immer die Kompetenz desjenigen, der Ihnen etwas erzählt.

Hierzu eine kleine Geschichte:

Vor ca. anderthalb Jahren hatte ich zwei Bewerber in einem persönlichen Coaching; wir gingen zusammen zum Arbeitsamt München, weil in deren Gebäude eine Messe zum Thema Zeitarbeit stattfand. Während also meine beiden Coachees dort in Gespräche vertieft waren, ging ich zu dem Vortragssaal, in dem Gastredner Vorträge zu den verschiedenen Themenbereichen hielten.

Der Vortrag, in den ich kurz reinschaute, hieß: „Das perfekte Anschreiben".

Ich warf einen kurzen Blick auf die Wand, dort war ein Standardanschreiben, in etwa so, wie ich es einige Seiten zuvor aufgeführt habe, mittels Overhead-Projektor aufgezeigt.

Geschrieben übrigens in Times New Roman. Exakt der gleiche, standardisierte Stuss, mit dem sich die Kandidaten bewerben sollten, so dass am Ende von 100 verschiedenen Bewerbungen wahrscheinlich 95 mit diesem Text auftauchen.

Während ich dann kopfschüttelnd den Raum verließ, notierte ich mir den Namen der Referentin, um ihn zu googeln. Wie ich herausfand, handelte es sich um eine studierte Germanistin (also eigentlich sicher in der deutschen Sprache) und Sozialpädagogin (und somit eigentlich kompetent im Bereich der Persönlichkeitsentwicklung/Selbstmanagement), die nach ihrem Studium im Auftrag eines Institutes etliche empirische Untersuchungen in diesem Bereich durchgeführt und darüberhinaus einige Bücher zu diesem Thema veröffentlicht hat.

Oder, mit anderen Worten:

Es handelte sich hierbei um eine Frau, die sich in ihrem ganzen Leben noch niemals erfolgreich um eine Stelle beworben hat, da sie nämlich zeitlebens selbständig war ...

Noch einmal:

Hinterfragen Sie bitte immer die Kompetenz desjenigen, der Ihnen etwas erzählen möchte.

Wissen Sie, wie die besten Bewerbungsunterlegen aussehen? So, dass das Anschreiben nur aus ein oder zwei kurzen Sätzen besteht. Und wie Sie das hinbekommen, erfahren Sie im nun folgenden Kapitel.

Hinterfragen Sie immer die Kompetenzen so genannter „Experten"

4. Schritt:

Die Kontaktaufnahme

Sie haben schon:

- Sich klargemacht, welche Tätigkeit Sie ausüben wollen und dies mit Ihren Eigenschaften reflektiert

- Ein Unternehmen gefunden, welches Sie interessiert

- Möglichst viele für Ihre Bedürfnisse relevanten Informationen und Bewertungen ehemaliger Mitarbeiter dieses Unternehmens gewonnen

- Ihren *tatsächlichen* Ansprechpartner identifiziert und sich über diesen mit ehemaligen Mitarbeitern ausgetauscht

- Ihre Bewerbungsunterlagen erstellt

Und erst jetzt nehmen Sie Kontakt zu dem Unternehmen auf.

Und zwar telefonisch.

Beim Telefonat gilt es einiges zu bedenken. Sicher, nicht jeder von Ihnen telefoniert gerne. Sie fühlen sich vielleicht auch nicht so wohl, wenn Sie sozusagen „kalt" irgendwo anrufen müssen.

Die schlechte Nachricht ist: Da müssen Sie durch!

Die gute Nachricht: Sie können sich darauf vorbereiten.

Zunächst einmal erstellen Sie, nur für sich, einen „Gesprächsleitfaden". Hierbei besteht die Kunst darin, so zu schreiben, wie man dann auch tatsächlich spricht. Bei der Eröffnung sollten Sie zunächst einmal gewährleisten, dass Sie alle relevanten Informationen bereits mitteilen.

Es ist nicht unbedingt davon auszugehen, dass Sie den Ansprechpartner im ersten Anwahlversuch direkt ans Telefon bekommen. In den meisten Fällen sprechen Sie zunächst einmal mit der Assistentin.

Achten Sie also darauf, diese sofort umgehend über Ihr Anliegen zu informieren und Ihren Wunsch nach Weiterleitung entsprechend darzustellen. Ich selbst sitze in Hörweite meiner Assistentin, und, lieber Leser, Sie ahnen ja gar nicht, wie häufig ich sie fragen höre: „Und worum geht es?"

Wir müssen uns darüber im Klaren sein, dass der Job einer Assistentin nicht darin besteht, alle Anrufe abzuwimmeln, sondern lediglich die Wichtigen von den Unwichtigen zu unterscheiden.

Also beginnen Sie beispielsweise mit den Worten:

Schönen guten Tag, Frau ..., mein Name ist .... Der Grund meines Anrufes ist folgender: Ich habe auf Ihrer interessanten Homepage gelesen, dass Sie eine offene Stelle als Mitarbeiter im Vertriebsinnendienst zu vergeben haben, und Herr ... als Vertriebsleiter ist ja wohl der richtige Ansprechpartner. Nun möchte ich gerne ein paar kleinere Fragen mit Herrn ... abklären, um zu sehen, ob eine Bewerbung in Ihrem Hause für mich Sinn macht.

So, bevor wir jetzt weiter gehen, sollten wir das bisherige einmal kurz analysieren:

Schönen guten Tag, Frau ...

➔ An dieser Stelle ist es wichtig, den Namen der Dame sofort zu wiederholen. Schreiben Sie ihn, sobald Sie ihn gehört haben, sofort auf und wiederholen Sie ihn während des Gespräches möglichst oft, denn nichts hört der Mensch so gerne wie seinen eigenen Namen; drückt dies doch eine enorme Wertschätzung aus.

Namen sind eben nicht Schall und Rauch

Haben Sie den Namen nicht gleich richtig verstanden, dann trauen Sie sich unbedingt noch einmal nachzufragen:

„Oh, entschuldigen Sie bitte, jetzt habe ich Ihren werten Namen nicht verstanden ...“

Kein Problem.

Nur: Trauen Sie sich! Tun Sie es nicht, berauben Sie sich der Möglichkeit, mit dieser Assistentin einen guten Kontakt aufzubauen.

... mein Name ist ...

➔ Nennen Sie unbedingt Ihren Vor- und Nachnamen. Erst diese Kombination ermöglicht eine relativ persönliche Beziehung. Sie haben, lieber Leser, den Namen „Bödeker“ höchstwahrscheinlich noch nie gehört und in der Hektik des Alltags kann das auch ganz leicht untergehen. Mit „Meik“ gibt es jedoch viel leichter eine persönliche Assoziation, und wenn es Mike Krüger ist (auch wenn sich dieser Mike anders schreibt).

Als Belastungstest von potentiellen Bewerbern gibt es ein probates Mittel. Wenn nämlich Ihr Gegenüber sich meldet mit „Mein Name ist Frau Müller" und Sie ihn dann nach einigen Sekunden unterbrechen mit:

„Ist er nicht."

„Wie, ist er nicht ...?"

„Nun, Ihr Name ist ganz sicher nicht FRAU Müller, nicht wahr? Vielleicht Beate, Claudia oder Sonja ... aber doch nicht FRAU, oder?"

Und schon ist der Anrufer völlig aus dem Konzept.

Also:

Nennen Sie Ihren Vor- und Nachnamen, alles andere ist unprofessionell. Und Sie vergeben sich ja auch nichts dabei.

> ... und der Grund meines Anrufes ist folgender ...

→ Auf diese Weise geben Sie Ihrem Gesprächspartner Gelegenheit, sich auf Sie und Ihren Anruf einzustellen, denn er hat ja bisher irgendetwas anderes gemacht.

Studien zeigen, dass es zwischen fünf und sieben Sekunden dauert, bis der Mensch sich völlig auf eine andere Tätigkeit konzentrieren kann. Geben Sie Ihrem Ansprechpartner diese Zeit.

> Ich habe auf Ihrer wirklich interessanten Homepage gelesen, dass Sie eine offene Stelle als Mitarbeiter im Vertriebsinnendienst zu vergeben haben.

→ Dies ist deshalb wichtig, weil die Assistentin u. U. gar nicht weiß, dass gerade eine Stellenanzeige geschaltet ist.

Melden Sie sich mit den Worten: „Ich rufe wegen der offenen Stelle an", denkt sie sich vielleicht: „Ach, wir haben eine Stellenanzeige geschaltet??? Das wusste ich ja gar nicht ... welche Stelle soll das denn sein???"

Bei der o. a. Eröffnung könnte dies zwar auch der Fall sein, allerdings ist dann die Assistentin viel schneller im Thema und verliert auch nicht ihr Gesicht.

> Herr ... ist ja als Vertriebsleiter wohl der richtige Ansprechpartner. Nun möchte ich gerne ein paar kleinere Fragen mit Herrn ... abklären

→ Hiermit haben Sie zum einen erklärt, warum Sie den Vertriebsleiter sprechen möchten (und deshalb nichts in der Personalabteilung zu suchen haben) und zum anderen eben, dass es sich nur um ein paar kleinere Details handelt; es also wohl nicht stundenlang dauert.

> ... um zu sehen, ob eine Bewerbung in Ihrem Hause für mich Sinn macht.

→ Auch hier drücken Sie eine gewisse Professionalität aus. Sie dokumentieren, dass Sie

a auch nicht unendlich viel Zeit zu verschwenden haben und

b schon gar nicht die Zeit des Anderen verschwenden wollen.

Nämlich durch das Schreiben einer Bewerbung, die u. U. gar keinen Sinn macht, da bestimmte Kriterien einer Zusammenarbeit absolut im Wege stehen.

Nach dieser Eröffnung hat nun die Assistentin den Ball. Was könnte sie entgegnen?

Überlegen wir uns einmal sämtliche Antwortoptionen und entwickeln für jede eine Gegenstrategie:

> „Herr … ist gerade nicht an seinem Platz/außer Haus/in einer Besprechung.“

Hier empfiehlt sich eine Antwort in der Art wie:

> „Sagen Sie Frau... auf Grund Ihrer Erfahrung, was glauben Sie, wann Herr ... wieder erreichbar sein wird? In einer Stunde? Anderthalb Stunden?“

Dadurch, dass Sie der Assistentin zwei verschiedenen Antwortoptionen geben, ist sie nicht genötigt, eine möglichst genaue Antwort geben zu müssen.

Meistens erhalten Sie Antworten wie:

> „Genau weiß ich das auch nicht, aber er hat um 13.00 Uhr sein nächstes Meeting“

oder aber

> „Nein, der müsste eigentlich jeden Moment wieder zurück sein“

oder aber

> „Das wird dauern, ich glaube kaum, dass er in den nächsten zwei bis drei Stunden wieder da ist“.

74

An dieser Stelle sollten Sie mit einem Lächeln in Ihrer Stimme Ihren nächsten Anruf gleich wieder avisieren und idealerweise gleich etwas Nettes sagen.

Hierzu eignen sich Formulierungen wie:

Seinen Sie einfach nur nett

> „Zunächst einmal vielen Dank für Ihre Hilfe, Frau ... dann werde ich es am Besten nochmal kurz vor ... probieren; und das Schöne ist, wenn es dann wieder nicht klappt, habe ich ja SIE wieder am Telefon.“

Zugegeben, dies mag in einem Buch, so wie Sie es gerade in der Hand halten, sehr komisch wirken, aber ich darf Ihnen versichern, dass es funktioniert. Sie werden Ihren Telefonpartner innerlich ein kleines bisschen zum Lächeln bringen – und was kann Ihnen Besseres passieren?

Diese und ähnliche Formulierungen sind mehrfach seit Jahren in der Praxis getestet und sie funktionieren fast immer.

> „Was sind denn das für Fragen, die Sie mit Herrn ... abklären wollen?“

Gehen Sie an dieser Stelle sehr freundlich, aber dennoch bestimmt in die Offensive und stellen Sie z. B. die folgenden Fragen:

> „Ach, Sie sind für die Rekrutierung zuständig? Na, das ist ja wunderbar, dass ich Sie gleich dran hab’ (an dieser Stelle wird die Assistentin innerlich gleich zurückrudern). Nun, als erstes würde mich einmal Ihre Strategie in Bezug auf die Handelsdistribution für die klein- und mittelständischen Kunden interessieren; auf Ihrer Homepage steht ja, dass Sie diese vor zwei Jahren geändert haben. Wie sieht denn diese Änderung aus und wie setzen Sie diese operativ um?“

Spätestens jetzt ist der Assistentin klar, dass sie zur Beant-wortung derartiger Fragen nicht kompetent ist und Sie dann doch besser mit Herrn ... sprechen sollten.

„Ach, Bewerbung? Das macht bei uns die Perso-nalabteilung; dort müssten Sie Ihre Unterlagen hinschicken."

Sprechen Sie *nicht* mit der Personalabteilung

„Oh, da habe ich mich, Frau ..., wohl falsch aus-gedrückt. Ich weiß nämlich noch gar nicht, ob ich mich bei Ihnen überhaupt bewerben möchte, ob es wirklich Sinn macht. Deshalb möchte ich mich ganz kurz erst noch mit Herrn ... in seiner Eigenschaft als Vertriebsleiter besprechen. Wären Sie also so lieb und würden mich durchstellen?"

Machen Sie ihr klar, dass die Personalabteilung *nicht* Ihr An-sprechpartner ist. Wenn Sie diese gewollt hätten, hätten Sie diese auch angerufen!

„Hinterlassen Sie doch bitte Ihre Nummer, wir rufen Sie zurück."

Nein.

... und auch keine Rückrufe

Unter gar keinen Umständen lassen Sie sich zurückrufen. Sie können darauf wetten, dass dieser Rückruf genau dann kommt, wenn es Ihnen gerade überhaupt nicht passt. Sie an der Supermarktkasse stehen. Sich gerade neben einer Baustel-le befinden. Den Mund voller Brötchen haben oder Ihrem Hals-Nasen-Ohren-Arzt gegenüber sitzen.

Außerdem brauchen Sie Ihre Unterlagen/Ihren Fragenkata-log, den Sie mit dem Ansprechpartner durchgehen wollten.

Antworten Sie also in diesem Falle:

„Oh, vielen Dank, das ist wirklich sehr nett, allerdings habe ich in den nächsten Tagen noch ein, zwei stressige Projekte und Sie wissen ja, liebe Frau ..., wie das ist. Der Rückruf kommt immer dann, wenn man ihn gerade am wenigsten gebrauchen kann. Dafür ist mir das Gespräch mit Herrn ... doch viel zu wichtig. Könnten Sie mir nicht liebenswürdigerweise ein oder zwei Zeitfenster geben, wann ich es nochmals bei Ihnen probieren darf?"

Übrigens:

Die größte Überraschung erwartet die meisten Anrufer genau dann, wenn die Assistentin antwortet:

„Kein Problem, ich stelle Sie durch."

Manchmal spürt man förmlich, wie der Anrufer sich für alle Fälle gewappnet hat und dann völlig überrascht ist, wenn er durchgestellt wird.

Also: rechnen Sie auch damit!

Bedenken Sie:

- Die Assistentin ist nicht Ihr Feind. Sie steht zwar momentan zwischen Ihnen und Ihrem Ansprechpartner, aber sie kann durchaus auch ein „Driver" sein, der Ihren Kontakt voran treibt.

  Vielleicht werden die Assistentin und Sie einmal Arbeitskollegen, wer weiß? Ist sie sich dessen bewusst? Sind Sie sich dessen bewusst?

- Eine absolute Zauberformulierung, bei der kaum ein Mensch „Nein" sagen kann, ist der Satz: „Ich bräuchte einmal Ihre Hilfe".

Überlegen Sie selbst: Wenn dies jemand zu Ihnen sagt, können Sie dann ruhigen Gewissens „Nein" sagen? Wohl kaum, oder? Also, wenden Sie diesen Satz ruhig an.

- Bei dem ersten oder auch zweiten Nachfassanruf, weil Sie beispielsweise den Ansprechpartner nicht sofort erreicht haben, versuchen Sie – je nach Typ – die Situation zu entkrampfen, mit Formulierungen wie „Hallo, Frau ..., hier ist noch mal die Nervensäge" o. ä. um weiterhin eine kleine Gemeinsamkeit und auch ein gewisses Verständnis für Ihre Situation zu erreichen.

Bedenken Sie: Die Assistentin wird dem Ansprechpartner irgendwann ausrichten, dass Sie angerufen haben. Die Frage ist allerdings, in welchem Ton und mit welchen Worten sie es tut.

- Erstellen Sie sich wirklich einen Leitfaden. Sie werden im Moment des Anrufes vermutlich wirklich recht unsicher sein. Da hilft es enorm, wenn man einen Text vor sich hat, etwas, an dem man sich „festhalten" kann. Selbst langjährige Telefonprofis arbeiten so.

Was jetzt folgt, ist das Gespräch mit dem Ansprechpartner.

Hier ist es kaum möglich, Ihnen genau zu sagen, was Sie dort konkret erfragen sollten. Dies hängt letztendlich von den für Sie wichtigen Parametern ab, von der Unternehmenskultur, den Zielen, die Sie für sich definiert haben u. v. m.

Nur bedenken Sie, dass Ihr Ansprechpartner Entscheider eines Unternehmens ist. Ein solcher arbeitet meist deutlich mehr als 40 Stunden pro Woche, setzt sich intensiv mit vielen, bedeutungsvollen Fragen auseinander und hofft, dass die Mehrzahl seiner Entscheidungen richtig ist.

Also geben Sie ihm die Gelegenheit, diese Entscheidungen darzustellen und zu begründen.

Hinterfragen Sie die Strategie

Beispielsweise könnte es sein, dass Sie sich bei einem Tiefbauunternehmen bewerben, auf deren Homepage Sie gesehen haben, dass dort ein Referenzprojekt eines Brückenbaus beschrieben ist. Nun wäre eine interessante Frage, „ob das Unternehmen sich strategisch neu ausrichtet oder ob das ein einmaliges Projekt ist".

Ein anderes Beispiel könnte sein, Sie haben gelesen, dass das Unternehmen seine Kundengruppe verjüngen will. Nicht mehr nur die Kernzielgruppe „Frau, 45+" hat, sondern sich auch auf dem Markt der knapp 30-jährigen positionieren möchte. Hier wäre es doch von Bedeutung zu erfahren, mit welchen konkreten Maßnahmen der Betrieb das umsetzen möchte.

Vielleicht ist das Unternehmen aber auch gerade dabei, sich im außereuropäischen Markt aufzustellen. Dann fragen Sie doch einmal nach, was der tiefere Grund dafür ist und mit welchen Hauptschwierigkeiten das Unternehmen hier zu kämpfen hat.

Finden Sie also heraus, welche Ausrichtung das Unternehmen in den nächsten Jahren hat und wie es diese umzusetzen gedenkt. Überdies haben Sie hierbei die Gelegenheit, einige Ihrer Qualifikationen gut platziert einzustreuen:

> „Das finde ich natürlich interessant, zumal ich auch fließend spanisch spreche."

> „Ist natürlich eine spannende Aufgabe; das kenne ich, weil ich schon zweimal in der Vergangenheit Markteinführungen von neuen Produkten miterlebt habe."

„Das finde ich großartig, ich habe früher schon einmal ein Konzept zur Erweiterung der Zielgruppe erstellen und umsetzen dürfen."

Durch diese Einwürfe zeigen Sie, dass Sie ein sehr kompetenter Kandidat sind und die Pluspunkte, die Sie für sich verbuchen können, finden hier im Gespräch auch passgenau Erwähnung und nicht, wie es im allgemeinen Teil eines simplem Standard-Anschreibens steht, einfach nur als „kompetent und motiviert".

Außerdem haben Sie hierdurch die Möglichkeit, Ihren Ansprechpartner in ein qualifiziertes Gespräch zu verwickeln und ihm das Gefühl zu geben, dass Sie recht genau wissen, wovon Sie reden. Schon haben Sie einen enormen Wettbewerbsvorteil gegenüber den anderen Bewerbern.

Achten Sie drauf, in diesem Gespräch zunächst hauptsächlich Fragen zu stellen und zwar offene Fragen.

„Wie bewerten Sie ..."

„Wie sehen Sie...?"

„Welche Entwicklung, denken Sie, ..."

Haken Sie auch gerne nach mit einem einfachen:

„Aha, das ist ja interessant. Und warum?"

Auf diese Weise spricht zunächst einmal nur Ihr Ansprechpartner und Sie begehen nicht den Fehler, diesen auf Gedeih und Verderb von Ihren Qualitäten überzeugen zu wollen.

Lassen Sie ihn über seine Art der Unternehmensführung erzählen. Fragen Sie ihn, was für ihn einen guten Mitarbeiter ausmacht. Letztendlich sollte die Fragestellung in diese Richtung gehen:

Haben Sie keine Angst zu fragen

„Wissen Sie, Herr ..., ich beobachte das Marktumfeld ja nun schon länger und ich glaube, man kann mit Fug und Recht behaupten, dass dies eine wirklich hart umkämpfte Branche ist. (Funktioniert immer und passt bei jeder Branche). Und wenn man sich so umschaut: Unternehmen werden aufgekauft, gehen pleite, haben Kurzarbeit, entlassen Mitarbeiter ... Sie jedoch, Herr ... stellen Mitarbeiter ein. Darf ich Sie einmal fragen, was Sie anders machen als die Anderen?"

Dies erscheint dem Einen oder Anderen von Ihnen vielleicht etwas zu einschmeichelnd, jedoch frage ich Sie, wie Sie – ohne etwas Nettes zu sagen – sympathisch wirken wollen?

Und ich frage Sie außerdem, ob Sie eine vergleichbare Formulierung oder ein ähnliches Vorgehen schon mehrmals erfolglos probiert haben?

Nicht?

Na also ...

Wenn er dann erst einmal dazu gekommen ist, über sich, sein Unternehmen und seine Strategie zu informieren, ist er offen, Sie kennen zu lernen. Kommen dann Aussagen wie

„Jetzt zu Ihnen. Haben Sie so etwas schon einmal gemacht?"

können Sie in diesem Moment zielgerichtet und sehr exakt auf die Aufgabenstellungen, die dieser Arbeitgeber hat und Ihre *einschlägigen* Erfahrungen eingehen.

Sie zeigen ihm somit ganz offen, welchen Mehrwert er hat, wenn er sich für eine Zusammenarbeit mit Ihnen entscheidet.

Und noch etwas:

Fehlt Ihnen an einer Stelle eine bestimmte Qualifikation, können Sie das im Rahmen eines solchen Telefonates viel besser kommunizieren, als wenn es im Rahmen eines Vorstellungsgespräches aufkommt.

Bei einem Telefonat können Sie auch zugeben:

> „Ich muss Ihnen ganz ehrlich sagen, dass meine Excel-Kenntnisse wirklich begrenzt sind. Das müsste ich mir erst noch aneignen ... wäre das sehr schlimm?"

> „In der Stellenausschreibung steht, dass man eigentlich mindestens fünf Jahre Berufserfahrung haben sollte. Wenn ich alles zusammen rechne, komm ich mal grade auf knapp vier Jahre. Ist das ein K.o.-Kriterium?"

> „Ich bin auf der Suche nach einem Arbeitgeber, der einem eine zweite Chance gibt, da ich wegen einer fürchterlichen Dummheit sechs Monate gesessen habe. Sind Sie so jemand?"

> „Offen gestanden habe ich z. Z. keinen Führerschein, aber das ist doch jetzt kein Killer-Argument, oder?"

> „Wenn Sie meinen Lebenslauf lesen, werden Sie feststellen, dass ich zwei kleinere Lücken habe, weil ich vor Jahren zweimal für einige Monate arbeitslos war ... schlimm?"

> „Ich weiß nicht, ob man mir das anhört, aber ich bin mittlerweile 54 Jahre alt. Ist das für Ihr Unternehmen ein Problem?"

An dieser Stelle sei einmal ein weiteres Thema angesprochen, von dem viele Bewerber fälschlicherweise glauben, es sei ein „K.o.-Kriterium": das Alter.

Immer wieder höre ich lamentierende Bewerber, dass sie zu alt seien.

> „Wenn Du erst einmal Mitte 40 bist, geht da gar nix mehr."

Auch so ein Glaubenssatz, der ganz erheblich an der Realität vorbei geht. Sicherlich gibt es Branchen, in denen ein Alter 40+ eher nachteilig ist, etwa in der Werbung, im Grafikdesign oder in der Entwicklung von Computerspielen.

Andererseits gibt es aber genauso viele Branchen, in der Erfahrung von enormer Bedeutung ist, so in etwa bei Architekten, OP-Schwestern, Ingenieuren usw.

Außerdem ist diese Meinung nicht nur nachweislich falsch (sehr viele Unternehmen schreiben in ihre Stellenausschreibung „Der ideale Kandidat ist Ende 40/Anfang 50". Schauen Sie einmal nach, lieber Leser), sondern sie lässt den kompletten demographischen Wandel außer Acht:

Erfahrung lässt sich nur durch eines ersetzen: noch mehr Erfahrung...

Im Jahre 2015 wird der durchschnittliche Mitarbeiter in der Bundesrepublik Deutschland 48 Jahre alt sein. Die Arbeitswelt muss sich also darauf einstellen – und sie tut es auch schon seit Langem recht intensiv.

Versetzen Sie sich doch einmal in die Lage eines Unternehmers.

Entscheidend bei der Bewertung von Mitarbeitern ist doch nicht der ruhige Alltag, in dem alles im Fluss ist und seinen gewohnten Gang geht. Nein, viel wichtiger ist es doch zu wissen, wie ein Mitarbeiter reagiert, wenn auf einmal die

Computersysteme abstürzen, alle Kassensysteme ausfallen, erzürnte Kunden anrufen und alle mit gehetztem Blick durcheinanderwirbeln.

Deshalb werden solche außergewöhnlichen Drucksituationen auch regelmäßig in Vorstellungsgesprächen abgefragt.

Und jetzt überlegen Sie einmal:

An einem Tag, an dem alles, aber auch wirklich alles schiefgeht – wen hätten Sie dann am liebsten an Ihrer Seite?

Einen hochdynamischen, aber eben auch hektischen 26-jährigen oder einen 54-jährigen, der in solchen Momenten den Laden zusammenhält, die erforderliche Souveränität ausstrahlt und der sein Team beruhigt mit den Worten:

> „Ganz ruhig bleiben, Leute, hab' ich alles schon mal erlebt. Wir gehen jetzt Schritt für Schritt vor und dann wird alles gut!"

Es gibt eine wunderbare Szene in dem Film „Postman" mit Kevin Costner, in der er in einer postapokalyptischen Welt versucht, einen landesweiten Postdienst aufzubauen, obwohl die Bösewichte des Filmes dies mit Waffengewalt verhindern wollen. Bei ihm bewirbt sich ein Mann, über 70 Jahre alt, und Kostner fragt ihn:

> „Kannst du überhaupt reiten, alter Mann?"

und dieser antwortet:

> „Nein. Und ich bin auch nicht sonderlich gut zu Fuß."

> „Und wieso glaubst Du, dass Du das alles schaffen kannst?"

„Ich habe Erfahrung."

Diese Ruhe, Souveränität und Würde, die dieser Mann in jener (zugegebenermaßen: Hollywood-Film-) Szene ausstrahlt, würde ich mir für jeden älteren Bewerber wünschen.

Stimmen Sie sich auf dieses Gespräch ein, überlegen Sie, was evtl. aus Sicht des Arbeitgebers erwähnenswert sein könnte, aber vor allem besinnen Sie sich auf Ihre Stärken; versuchen Sie, diese mit einer gewissen Ruhe und Souveränität anzubringen.

Hierzu ist es eben nötig, dass Sie sich vorstellen, wie dieses Telefonat im idealen Falle verliefe. Und diese Situation lassen Sie sich immer wieder durch den Kopf gehen, spielen diese immer wieder durch, und Sie werden feststellen:

In dieser Situation, mit dem Ansprechpartner im Gespräch, sind all die Riesenprobleme, die man vorher vielleicht befürchtet, auf einmal nur noch halb so wild.

Dies stellen wir immer wieder fest, insbesondere bei Kandidaten, die etwas älter sind, oder auch z. T. bei Bewerbern mit Gefängnisaufenthalten oder anderen, ungeraden Lebensläufen.

Sehen Sie, der Entscheider hat, bevor er die Stellenanzeige ausschreibt, das Bild des „perfekten Bewerbers" genau im Kopf. Und egal, wie dieses Bild aussieht:

Sie, lieber Leser, werden diesem Bild keinesfalls zu 100 % entsprechen. Das ist aber auch gar nicht schlimm. Sie haben vielleicht ganz andere Qualitäten, an die der Unternehmer im Vorfeld noch gar nicht gedacht hat. Nur müssen Sie ihn gegebenenfalls zunächst einmal davon überzeugen, dass diese anderen Kriterien für ihn ebenfalls einen großen Mehrwert bedeuten können. Und das geht nur im persönlichen Gespräch.

Den „perfekten" Bewerber gibt es eh' nicht...

Ich selbst habe in meiner Position als leitender Angestellter eines Unternehmens meinen perfekten Kandidaten/Kandidatin im Kopf gehabt: Jung, weiblich, Mitte bis Ende 20, kaufmännische Ausbildung, ca. zwei bis vier Jahre Berufserfahrung. Eben genau so, wie mein knapp 20-köpfiges Team überwiegend war.

Nach Schalten der Stellenanzeige rief mich ein Bewerber an. Jörg. Er bekam mich nach dem dritten Anwahlversuch ans Telefon, nachdem meine Assistentin mir schon ausgerichtet hatte, dass sich da ein „sehr netter und irgendwie knuffeliger" Kandidat gemeldet hatte.

Wir unterhielten uns über das Unternehmen, die ganz spezielle Aufgabenstellung, den Markt usw. Gegen Ende des Gespräches entstand der folgende Dialog:

> „Sagen Sie mal, Herr Bödeker, nachdem wir uns so nett unterhalten haben, denken Sie, es macht Sinn, wenn ich mich bei Ihnen bewerbe?"

Nach kurzem Zögern sagte ich spontan (und eigentlich auch zu meiner eigenen Überraschung):

> „Ja, wissen Sie was? Senden Sie mir einfach mal Ihre Bewerbungsunterlagen zu."

> „Haben Sie denn mitbekommen, dass ich schon etwas älter bin?"

> „Ähhh, offen gestanden nicht. Wie alt sind Sie denn?"

> „55!"

> „Nun, ganz ehrlich gesagt, hatte ich zwar etwas komplett anderes im Hinterkopf, aber es bleibt dabei. Senden Sie mir Ihre Unterlagen zu."

Drei Minuten später fand ich diese in der Inbox meines E-Mail-Accounts. Sie können sich sicherlich vorstellen, wie gespannt ich war. Nach Durchsicht der Unterlagen lud ich ihn zu einem Gespräch ein und herein kam ein 2-m-Kerl mit Vollbart, so ein richtiger Bud-Spencer-Typ.

Nicht nur, dass ich ihn dann tatsächlich eingestellt habe, sondern er war nach kürzester Zeit der absolute Mittelpunkt meines jungen und fast ausschließlich weiblichen Teams. Genau der Typ, den die jungen Damen den ganzen Tag ein bisschen „betüdeln" konnten – und dies sage ich nicht ganz ohne Neid!

Die Aussage, die dahinter steht, ist die Folgende:

Hätte Jörg mir seine Bewerbungsunterlagen, aus denen man neben seinem Alter auch ersehen konnte, dass er schon seit über einem Jahr arbeitslos war, wortlos zugesandt, ich hätte ihm sofort abgesagt, weil er überhaupt nicht der Art von Mitarbeiter, die ich im Hinterkopf hatte, entsprach.

Geben Sie also dem Unternehmer die Möglichkeit, ein vielleicht feststehendes Bild zu revidieren. Sprechen Sie mit ihm.

Gegen Ende des Gespräches sollten Sie durchaus die Frage stellen:

> „Sagen Sie mal, Herr ... nachdem wir uns jetzt so nett unterhalten haben, denken Sie, dass es für mich Sinn macht, mich bei Ihnen zu bewerben?"

Reden Sie mit dem Entscheider. Nur dann können Sie ihn auch überraschen.

Nun kann es durchaus sein, dass Ihr Gegenüber „Ja" sagt und „Nein" meint. Wahrscheinlich wird er viel zu vorsichtig sein, um zu sagen, dass er Ihrer Bewerbung keinerlei Chancen einräumt. Dies können Sie allerdings oft an seinem Tonfall erkennen. Handelt es sich um ein typisches „Jaaaaa, nun, Sie können es natürlich gerne mal probieren ..." dann wissen Sie schon, dass Sie überhaupt keine Chance haben.

Im Gegensatz zu den bisherigen Vorgehensweisen haben Sie sich allerdings

a das Schreiben einer Bewerbung, das Aussenden, das Hoffen und die Enttäuschung einer Absage erspart und

b bekommen Sie viel eher ein Gefühl dafür, warum es nicht geklappt hat.

> „Natürlich können Sie sich bewerben ... Sie müssen eben nur bedenken, dass es schwierig wird, weil wir eigentlich ein komplett weibliches Team haben."

> „Sie können uns gerne Ihre Unterlagen schicken, wir müssen nur mal schauen, wie es passt. Die meisten Kollegen in der Abteilung sind nämlich Anfang/Mitte 50, wir müssten dann erst einmal sehen, wie ein 31-jähriger wie Sie da hineinpassen würde."

Nach solchen Bemerkungen wurde Ihnen zwar durch die Blume gesagt, dass eine Bewerbung nicht viel Sinn macht, aber Sie ahnen jetzt wenigstens, warum.

Und es ist dann auch viel leichter für Sie, es nicht persönlich zu nehmen, wie es so schön heißt. Denn was können Sie schon dafür, dass Sie erst 31 sind oder eben keine Frau?

Es hat bei diesem Versuch zwar nicht geklappt, aber, lieber Leser, die Enttäuschung hält sich dann ziemlich in Grenzen.

Immerhin hatten Sie ein Gespräch mit einem Entscheider und Sie können sich rechtzeitig auf neue Jobs, Firmen und Positionen konzentrieren, bevor Sie mit einem kompletten Bewerbungsprozess begonnen hätten, der dann sowieso zum Scheitern verurteilt gewesen wäre.

Auch sollten Sie, bei einer positiven Antwort, also wenn Ihr Gesprächspartner an der Übersendung Ihrer Unterlagen interessiert ist, ruhig noch einmal nachfragen, wie genau er sich die schriftliche Bewerbung vorstellt, unabhängig davon, was in der Stellenanzeige stand:

> „Nun noch zu den Bewerbungsunterlagen, Herr … Wie hätten Sie diese denn gerne? Reichen Ihnen ein Lichtbild, ein Lebenslauf und das Zeugnis meines letzten Arbeitgebers? Oder brauchen Sie auch Ausbildungs- und Schulzeugnisse?"

Sehr häufig werden Sie Antworten bekommen wie:

> „Nee, nee, bloß nicht. Bild, Lebenslauf und letztes Zeugnis reichen erst mal völlig!"

Zwar gehen jetzt auf diese Stelle auch wieder 150 Bewerbungen ein, aber wissen Sie was? Nur eine einzige Bewerbung wurde so verfasst, wie es der Entscheider gerne hätte.

Ihre.

Auch folgende Antwort ist es sehr gut möglich:

> „Die Bewerbungsunterlagen gehen bei uns über die Personalabteilung, das müssten Sie dorthin senden."

> „Kein Problem, Herr …, darf ich Sie dann gleich auf cc setzen?"

Und das ist das Entscheidende: Jetzt senden Sie Ihre Bewerbung zwar an die Personalabteilung, aber sinngemäß mit folgendem Text. Und DAS, liebe Leser, ist der Text für das perfekte Anschreiben:

Sehr geehrter Herr XXX,

wie in dem angenehmen und informativen Telefonat mit Herrn ... besprochen, übersende ich Ihnen in der Anlage meine Bewerbungsunterlagen.

Ich freue mich sehr auf Ihre Rückmeldung, wünsche Ihnen noch einen schönen Tag und verbleibe

mit freundlichen Grüßen

Unterschrift

Was, glauben Sie, wird jetzt passieren? Der Personaler ruft umgehend seinen Kollegen an und fragt ihn:

„Sag mal, Du hast doch da mit dem Bewerber xy gesprochen. Wie fandst'n Du den?"

Natürlich ist das alles keine Jobgarantie. Aber eine signifikante Verbesserung Ihrer Chancen. 150 Bewerber – aber *Sie* sind derjenige, über den sich die Ansprechpartner und Entscheider austauschen.

Auch kann es sein, dass Ihr Gesprächspartner dem Personaler sagen wird:

„Mensch sag dem bloß ab, der war nix."

Möglich.

Nur dann hätten Sie den Job eh nicht bekommen; so waren Sie wenigstens deutlich näher dran.

Sie haben jetzt also das Gespräch beendet, wenige Minuten später wird Ihr Ansprechpartner Ihre Unterlagen in seinem E-Mail-Account vorfinden, doch sollten Sie sich jetzt noch eines kleinen Tricks bedienen:

Unmittelbar nach dem Telefonat drücken Sie die Wahlwiederholung. Sie werden dann wahrscheinlich wieder die Assistentin am Telefon haben.

Dieser sagen Sie nun folgendes:

> „Liebe Frau ... zunächst einmal vielen Dank, dass Sie mich so nett verbunden haben. Aber ich brauche bitte noch mal Ihre Hilfe:
>
> Ich hatte gerade ein tolles Gespräch mit Herrn ... und er meinte, es würde durchaus Sinn machen, wenn ich mich bei Ihnen bewerbe. Jetzt habe ich allerdings in der ganzen Aufregung völlig vergessen, ihn nach seiner E-Mail-Adresse zu fragen. Würden Sie bitte so freundlich sein und sie mir kurz geben? Das wäre sehr nett von Ihnen."

Auf diese Weise stellen Sie schon einmal eine weitere Gemeinsamkeit mit der Assistentin her.

Auch sie war einmal aufgeregt – selbst wenn es schon Jahre her ist, denn auch sie hat sich einmal dort beworben. Es ist charmant, wenn Sie einen kleinen „Fehler" zugeben, das macht heutzutage nämlich kaum noch jemand.

Vermitteln Sie der Assistentin Ihre Perspektive

Und sie wird Sie auf einmal anders betrachten. Nämlich als einen potentiellen Arbeitskollegen ...

Übrigens:

Für den Fall, dass der Ansprechpartner Ihnen unwirsch antwortet:

„Sorry, dafür habe ich jetzt keine Zeit, da müssen Sie sich an die Personalabteilung wenden."

Dann wissen Sie von vorneherein, welchen Stellenwert Mitarbeiter für ihn haben.

Wollen Sie für so jemanden wirklich arbeiten?

Nachstehend noch ein paar kleine Tipps für das Telefonat:

- Bedenken Sie, dass die Entscheider zeitlich sehr eingebunden sind. Es wird an einem normalen Werktag u. U. – sehr schwierig werden, telefonisch einen von ihnen zu erreichen. Probieren Sie es eher zu den Tagesrandzeiten.

- Der beste Tag zum Telefonieren ist übrigens im Allgemeinen der Freitag. Montags sind meistens wöchentliche Meetings, Wochenplanungen usw. Und auch am nächsten Tagen herrscht normalerweise der allgemeine Alltagsstress vor. Nur am Freitag sind die Menschen etwas entspannter, aufgeräumter und relaxter.

Und selbst wenn das eine oder andere Unternehmen am Freitag bereits ab 13.00 Uhr seine Pforten schließt – die Entscheider sind dann noch da, weil sie dann endlich einmal Ruhe haben. Verlegen Sie Ihre Akquisetelefonate also idealerweise auf den Freitag(-nachmittag). Telefonieren Sie doch einmal außerhalb der üblichen Bürozeiten. Die Ansprechpartner sind oft bereits morgens um 07.30 Uhr an ihrem Schreibtisch oder eben noch um 19.00 Uhr.

Rufen Sie doch einmal um diese Zeit an. Ihr Gesprächspartner weiß ganz genau, dass niemand von ihm erwartet, um diese Zeit ans Telefon zu gehen. Wenn er aber das Gespräch annimmt, hat er auch die Zeit, sich einige Minuten mit Ihnen auszutauschen.

Üben Sie, auch wenn es Ihnen seltsam vorkommt, die Aussprache des Namens, indem Sie ihn einige Male halblaut vor sich hinsagen. Bedenken Sie bitte, dass Sie sehr aufgeregt sein werden und dann ist nichts peinlicher, als wenn Sie bereits beim Namen ins Stottern geraten. Natürlich ist das bei vielen Namen nicht möglich.

Üben Sie die Aussprache der Namen

Ich hatte mal eine Kollegin mit Namen Wassiliki Triantafilidou. Na, wie sprechen Sie das aus, vor allem, wenn Sie nervös sind? Oder Przybilla? Oder Boekstegers?

Im Zweifelsfall fragen Sie im Vorfeld nach (bei den Gesprächen mit ehemaligen Mitarbeitern, Kapitel 2, oder bei der Assistentin)

„Pardon, wie spricht man das denn aus?"

Sie werden dafür immer auf Verständnis stoßen. Menschen mit schwierigen Nachnamen sind es gewohnt, dass ihr Name falsch oder mangelhaft ausgesprochen wird. Unterscheiden Sie sich also an dieser Stelle schon einmal positiv von Ihren Konkurrenten.

Man kann es nicht oft genug sagen: Erstellen Sie sich einen Gesprächsleitfaden. So, wie Sie auch tatsächlich sprechen.

Telefonieren Sie nicht ohne Leitfaden

Er hilft.

Bedenken Sie eines, Sie haben bei diesem Telefonat alle Vorteile in der Hand:

- *Sie* bestimmen den Zeitpunkt des Anrufes – der Ansprechpartner *wird* angerufen.

- Sie befinden sich vermutlich in Ihren eigenen vier Wänden – der Ansprechpartner ist in seinem Büro.

- Sie können sich kleiden und geben, so wie Sie sind – niemand sieht Sie. Der Ansprechpartner wiederum hat einen Dress Code, ist nicht alleine, kann gesehen werden, kann u. U. nicht einfach die Füße auf den Tisch legen oder herumlaufen.

- Sie bestimmen den Start des Gespräches, da Sie es mit Ihren eignen Worten eröffnen – der Ansprechpartner muss zunächst einmal reagieren.

Sie sind aufgeregt. Na und? Stellen Sie sich einmal vor, Sie wären der Entscheider und bei Ihnen riefe ein Bewerber an, weil er sich für eine Stelle in Ihrem Unternehmen interessiert. Und nun hören Sie heraus, dass Ihr Gegenüber etwas atemlos, weil aufgeregt ist. Stellen Sie sich diese Situation einmal bildlich vor und nun fragen Sie sich: Ist es denn wirklich so schlimm, wenn der Anrufer nervös ist?

Nein, ganz sicher nicht. Eher menschlich.

Ist Ihnen schon einmal aufgefallen, dass in vielen Stellenanzeigen folgende Formulierung zu finden ist:

> Der ideale Kandidat verfügt über folgende Eigenschaften: Kreativität, Durchsetzungsvermögen und Verhandlungsgeschick.

In dem Moment, in dem Sie Ihren Ansprechpartner, der u. U. Ihr zukünftiger Chef ist, ans Telefon bekommen, haben Sie bereits bewiesen, dass Sie über diese Eigenschaften verfügen.

Also gehen Sie's an!

Ist diese Hürde erfolgreich genommen, kommt der ...

(bitte umblättern)

Meine Notizen:

5. Schritt:

Das Vorstellungsgespräch

Ich sage es Ihnen gleich: Wenn Sie erwarten, dass ich in diesem Kapitel „222 Fragen und die besten Antworten für das Vorstellungsgespräch" oder „99 Arbeitgeberfragen im Vorstellungsgespräch" liefere, muss ich Sie gleich enttäuschen.

Glauben Sie ernsthaft, professionelle Recruiter lesen so etwas nicht?

Stattdessen sollten wir uns einmal Gedanken um die *Einstellung* zu einem solchen Gespräch machen; passende Antworten ergeben sich daraus nämlich oftmals ganz von selbst.

Haben Sie sich schon einmal Gedanken um die Kosten eines Bewerbungsprozesses für Unternehmen gemacht?

Diese belaufen sich – inklusive des Erstellens eines Stellenprofiles, Erstellen der Anzeige, Schalten der Anzeige in Tageszeitungen und Online-Portalen, Sammeln und Sichten der Bewerbungsunterlagen, Schreiben der Absagen, Einladungen zum Vorstellungsgespräch, Durchführen der Gespräche, Einladung und Durchführen der 2. Gesprächsrunde, Arbeitsvertrag, Einarbeitung, Personalkosten – leicht auf 30.000 € und mehr.

Und was glauben Sie, wie viele Kandidaten werden zum Vorstellungsgespräch eingeladen?

Fast immer zwischen drei und fünf. Mit anderen Worten, das Unternehmen, bei dem Sie jetzt ein Vorstellungsgespräch haben, hat bisher – statistisch gesehen – rund 6.000 € bis 10.000 € ausgegeben, nur um Sie kennen zu lernen. Haben Sie darüber schon mal nachgedacht?

Vorstellungsgespräche sind „wert"voll – für beide Seiten

Interessant ist auch zu beobachten, dass viele Bewerber schon jubilieren, wenn sie einen Termin zu einem Vorstellungsgespräch bekommen haben. Ich will Sie, lieber Leser, keinesfalls demotivieren, aber dies ist lediglich ein kleiner Teilerfolg – nicht mehr und nicht weniger. Versuchen Sie, trotz aller Freude, die Erwartungen nicht zu hoch zu hängen. So bleiben Sie weniger nervös und angespannt.

Nehmen wir für einen kurzen Moment an, Sie wären derzeit ohne Arbeit und Sie betreten nun ein Büro für ein Vorstellungsgespräch.

In dem Moment, in dem Sie die Klinke in die Hand nehmen, haben Sie da einen Job?

Nein.

Und nehmen wir weiterhin an, Sie stellen fest, dass die Chemie zwischen Ihnen und dem Ansprechpartner nicht stimmt, dass unterschiedliche Auffassungen bestehen hinsichtlich der Aufgaben oder des Gehaltes. Sie spüren, dass das nichts wird.

Beim Verlassen dieses Büros, wenn Sie die Klinke wieder in der Hand nehmen, haben Sie da einen Job?

Nein.

Also: Was haben Sie zu verlieren? Lediglich *die Option* auf einen Job, mehr nicht.

Versuchen Sie unbedingt, sich das klar zu machen, denn wahrscheinlich hat der eine oder andere Ihrer Konkurrenten eben genau diese lockere und selbstbewusste Einstellung, die letzten Endes so oft zum Erfolg führt.

Insbesondere Bewerber, die momentan arbeitslos sind, unterliegen nämlich sehr häufig einem bestimmten Denkfehler:

Sie glauben, die anderen Bewerber seien auch arbeitslos.

Das sind aber die wenigsten.

Tatsächlich: Die überwiegende Zahl der Bewerber hat einen Job. Sie wollen sich zwar verändern, verbessern und fühlen sich in ihrer gegenwärtigen Situation recht unwohl, aber wenn alle Stricke reißen, können sie immer noch zu ihrem momentanen Job zurückkehren. Dies verschafft ihnen eine gewisse Souveränität und vor allem Selbstsicherheit.

Worauf kommt es also in einem Vorstellungsgespräch an?

Nun, im Wesentlichen sind zwei Faktoren entscheidend: Sympathie und Kompetenz.

Beginnen wir mit dem im Zweifel wichtigeren der beiden Faktoren, der Sympathie. Es ist ein entscheidender Irrglaube, dass Sympathie schwer zu beeinflussen ist. Viele Bewerber meinen, dass man eben sympathisch ist oder nicht. Diese Grundannahme ist nicht ganz richtig; Sie haben sehr wohl die Möglichkeit, dieses Pendel zu Ihren Gunsten ausschlagen zu lassen.

Zum einen beginnt dies schon bei der Vorbereitung. Achten Sie unbedingt darauf, äußerst pünktlich zum Termin zu erscheinen. Bauen Sie sich bei der Anfahrt bereits einen ordentlichen Zeitpuffer ein; es macht überhaupt nichts, wenn Sie bereits 20 oder 30 Minuten vor dem Gespräch beim Unternehmen angekommen sind. Verbringen Sie die Wartezeit damit, sich etwas zu entspannen, gehen Sie noch einmal die Fragen durch, die Sie vorbereitet haben, schauen Sie sich noch einmal die Lebensläufe Ihrer Ansprechpartner an, machen Sie, je nach Wetterlage, noch einen kurzen Spaziergang.

Ebenso wichtig ist angemessene Kleidung. Bevor Sie jetzt meinen, dass dies eine Selbstverständlichkeit ist, lassen Sie sich gesagt sein, es ist keine.

Seien Sie pünktlich.

Unter allen Umständen!

Insbesondere Frauen (entschuldigen Sie bitte meine Damen) machen häufig den Fehler, sich aufgrund der natürlichen Unsicherheit zu überschminken; auch wird gerne zu viel Parfum aufgelegt.

Wie bereits erwähnt: Idealerweise tragen Sie die gleiche Kleidung wie auf Ihrem Bewerbungsbild; der Wiedererkennungswert ist somit optimal.

Achten Sie auf Ihren Auftritt

Bei der Begrüßung Ihres Ansprechpartners sollten Sie darauf achten, offen, mit direktem Blickkontakt und einem freundlichen Lächeln auf diesen zuzugehen und ihn mit einem bestimmten, kräftigen Händedruck zu begrüßen. Auch wenn Ihnen dies komisch vorkommen mag, üben Sie diese Situation mit Ihrem Lebensgefährten oder einem guten Freund.

Im Gespräch gilt es dann, eventuelle Gemeinsamkeiten herauszustellen. Hierzu ist es eben hilfreich, über frühere Wohn- und Studienorte, Arbeitgeber oder Hobbys Ihres Gegenübers Bescheid zu wissen (solche Angaben finden Sie häufig im Xing-Profil, wenn Ihr Ansprechpartner denn eines hat) und das Gespräch darauf zu bringen.

À propos Profil. Finden Sie ein solches in einem Portal oder auf der Homepage des Unternehmens, drucken Sie es sich aus und nehmen es mit in das Vorstellungsgespräch. In aller Regel haben Sie ja eine Dokumentenmappe o. ä. bei solch einem Gespräch vor sich auf dem Tisch liegen. Legen Sie ruhig das ausgedruckte Profil Ihres Gesprächspartners auf die linke Seite der Mappe; er wird dies ganz sicher realisieren. Und auch hier gilt: Bevor Sie sich jetzt sagen: „Das kann ich doch nicht bringen, was soll der denn von mir denken?" beachten Sie bitte eines:

Ihr Gegenüber hat auch Ihre Bewerbungsunterlagen vor sich. Er kennt Ihren gesamten Lebenslauf. Wann und wo Sie geboren sind. Wie Ihre vorherigen Arbeitgeber über Sie geurteilt haben. Ihre Schulnoten. Einfach alles. Und Sie? Sie hingegen haben normalerweise keinerlei Unterlagen über ihn. Wie wollen Sie denn mit dem Arbeitgeber auf Augenhöhe verhandeln, wenn Sie keine weiteren Angaben über ihn haben?

Bedenken Sie bitte, Ihr Ansprechpartner ist zum Zeitpunkt des Vorstellungsgespräches noch nicht Ihr Chef. Er wird es vielleicht einmal, aber gegenwärtig ist er es noch nicht. Wie wird er also eine solche Vorarbeit von Ihnen wahrnehmen?

Denken Sie dran: noch ist es ein Gespräch auf Augenhöhe

Das kann ich Ihnen sagen: Im Zweifelsfall als genauso professionell wie seine eigene Vorbereitung.

Üben Sie sich ein bisschen in der Kunst des Small Talks, denn dies wird Sie in den ersten ein, zwei Minuten erwarten. Meistens sind es Fragen wie „Haben Sie gut hergefunden?" oder ähnliches. Und egal, wie Ihre Anreise war, seien Sie in jedem Falle positiv! Von irgendwelchen Verkehrsstaus oder U-Bahn-Verspätungen will Ihr Gesprächspartner in diesem Moment nichts hören. Oder ist Ihnen schon einmal jemand sympathisch erschienen, der gemeckert hat?

Erstaunlich häufig kommt es vor, dass Bewerber bei ganz allgemeinen Fragen leicht ins Schwimmen geraten.

Fragen wie:

> „Warum interessieren Sie sich für diese Stelle? Was genau interessiert Sie daran?"

> „Halten Sie sich für einen Teamplayer?"

> „Was machen Sie, wenn es bei uns nicht klappt?"

> „Haben Sie sich noch woanders beworben? Und wo?"

Bereiten Sie sich auf die Standard-Fragen vor

Achten Sie darauf, an dieser Stelle nicht zu viel, aber eben auch nicht zu einsilbig zu antworten. Überlegen Sie sich im

Vorfeld hierzu einige geeignete Formulierungen und bedenken Sie: Sie sind an dieser Stelle bereits im Verkaufsmodus.

Also seien Sie gewappnet!

Ein ganz wichtiger Teil, auf den Sie sich auch wunderbar vorbereiten können und sollten, ist eine häufig gestellte und bei Bewerbern eher unbeliebte Eingangsfrage:

> „Erzählen Sie doch mal was über sich."

Hier können Sie exzellent punkten. An dieser Stelle geben Sie einen Abriss über Ihren beruflichen Lebenslauf, in dem Sie frei und fließend Ihre bisherigen Tätigkeiten erwähnen, Ihre größten Erfolge einfließen lassen und Ihre Motivationen für einen Wechsel erklären können. Eventuelle Kündigungen erscheinen jetzt in einem anderen Licht, also sagen Sie an dieser Stelle möglichst nicht: „Und da wurde ich betriebsbedingt entlassen", sondern Sie hätten jetzt die Möglichkeit zu sagen:

Lernen Sie, Ihren eigenen Lebenslauf wieder zu geben – spannend und interessant!

> „Da mir in diesem Bereich noch jegliche Erfahrung fehlte, entschloss ich mich zu einem Wechsel zur Firma ABC, da diese zu den größten Unternehmen dieser Branche gehört."

> „Da ich die Vermarktung nur von der Seite der werbetreibenden Industrie her kannte, wollte ich einmal die Gegenseite kennenlernen und wechselte aus diesem Grunde in die Agentur DEF."

Und hier spielt es jetzt keine Rolle mehr, ob Sie evtl. bei der vorigen Firma entlassen wurden und die Agentur der einzige Arbeitgeber war, der Sie seinerzeit eingestellt hat.

> „Nun hatte ich ja bisher nur Erfahrungen in klein- und mittelständischen Betrieben und um auch einmal die Strukturen eines international operieren-

den Großkonzerns kennenzulernen, entschloss ich mich zu einem Wechsel zur GHI – AG".

Sie haben hierbei also die Möglichkeit, Ihren Lebenslauf als stringent und sorgsam geplant darzustellen.

Bewerben Sie sich in der gleichen Branche oder für eine recht ähnliche Tätigkeit wie beim letzten Arbeitgeber, haben Sie hier die Möglichkeit, bestimmte Aufgabenstellungen, die Sie sehr gemocht haben, gesondert herauszustellen; Ihr Gesprächspartner weiß dann sofort, welche Aspekte der Aufgabenstellungen Ihnen sehr liegen und welche eben nicht.

> „Bei meiner letzten Anstellung im JKL-Hotel war ich hauptsächlich im Bankett-Management und der Firmenkundenbetreuung eingesetzt; Aufgaben am Empfang oder Tätigkeiten in der Kundendatenverwaltung sind mir zwar geläufig, allerdings habe ich das nicht so oft gemacht."

Da diese Situation ganz sicher kommen wird, sollten Sie sich unbedingt darauf vorbereiten. Schreiben Sie Ihren Lebenslauf unbedingt einmal als Fließtext auf.

Achten Sie darauf, dass Sie nicht zu viel Zeit bei den ersten Jobs verlieren; diese sind u. U. schon etliche Jahre her und somit nicht mehr von großer Relevanz. Nehmen Sie sich die Zeit, diesen Lebenslauf sauber auszuformulieren, allerdings – wie bereits erwähnt – schon in etwa so, wie Sie auch sprechen.

Achten Sie vor allem auf „Gelenkstellen", d. h. die Übergänge zwischen zwei verschiedenen Tätigkeiten. Stellen Sie dar, welche Kriterien Sie zu den Wechseln motiviert haben („ich wurde gefeuert" ist beispielsweise nicht so zielführend) und vor allem sagen Sie nie etwas Negatives über einen früheren Arbeitgeber.

Selbst wenn dieser Job für Sie der blanke Horror war und Ihr damaliger Chef sich benommen hat wie die berühmte Axt im Walde:

> „Diese Tätigkeit war mir im Laufe der Zeit absolut geläufig, jedoch bot sie mir keine neuen Aspekte mehr. Da ich mich aber weiter entwickeln wollte, wechselte ich nach X Jahren zu ..."

ist eine wesentlich bessere Formulierung.

Achten Sie dabei auf die Dauer, wenn Sie es nach dem Aufschreiben vor sich hinsprechen. Stoppen Sie die Zeit, die Sie brauchen, um das Ganze flüssig zu erzählen. Idealerweise benötigen Sie zwischen 120 und 150 Sekunden. Länger ist in aller Regel auch nicht die Aufmerksamkeitsspanne Ihres Gesprächspartners.

Diesen Abriss über Ihren Lebenslauf sollten Sie in- und auswendig können und zwar so, dass er auch gleichermaßen spannend und interessant klingt. Werden Sie morgens um 03.00 Uhr geweckt, muss das wie aus der Pistole geschossen kommen. Wie ein perfekt auswendig gelerntes Gedicht. Und auch hier wieder: proben Sie es mit Freunden und lassen Sie sich von denen ein Feedback geben.

Bedenken Sie jedoch, dass diese Fragestellung meist zu Beginn eines Vorstellungsgespräches kommt, wenn Sie noch aufgeregt und angespannt sind. Wenn Sie nun mit diesem Teil, den Sie absolut perfekt beherrschen, beginnen, werden Sie schnell merken, wie Sie ruhiger werden und allmählich sozusagen in das Gespräch hineinkommen.

Sie nehmen eventuelle und womöglich unangenehme Fragen nach Wechseln praktisch schon vorweg und Sie wirken auf diese Weise gleich viel professioneller. Und damit kommen wir zum nächsten Punkt: Ihrer Kompetenz.

Hier soll zunächst einmal geklärt werden, ob Sie fachlich in der Lage sind, den Anforderungen der neuen Tätigkeit zu genügen. Personaler sind in aller Regel zufrieden, wenn 70 % – 80 % der in den Stellenanzeigen gestellten Anforderungen entsprochen wird. Haben Sie also bitte beim Lesen der Anzeige nicht zu viele Scheren im Kopf, indem Sie überlegen, welchen Aufgaben Sie schon länger nicht mehr routiniert nachgekommen sind und womit Sie sich nicht wirklich gut auskennen.

Niemand erwartet, dass Sie alle Anforderungen erfüllen. Deshalb heißt es ja auch in den Stellenbeschreibungen oftmals

„... der ideale Kandidat verfügt/hat/kann ...“

Und wie gesagt: den idealen, den perfekten Kandidaten gibt es ohnehin nicht.

Sie sollten also in diesem Falle nicht nur auf Ihre in der Vergangenheit erworbenen Kompetenzen verweisen, sondern sich über Folgendes im Klaren sein: zunächst einmal hat derjenige, der eine Stellenanzeige schaltet, ein Problem. Ein enormes, wirtschaftliches Problem.

Und allein aus diesem Grund ist er gezwungen, ausgerechnet beim größten Kostenfaktor überhaupt, nämlich dem Personal, weiter zu investieren. Sein bisheriges Team ist nicht mehr in der Lage, die anfallenden Arbeiten in der gewünschten Zeit mit der erforderlichen Qualität zu erledigen. Die Mitarbeiter können dies auch durch Überstunden und Mehrarbeit nicht mehr abfedern.

Der Unternehmer hat das wirtschaftliche Problem – nicht Sie!

Jetzt, und zwar erst jetzt, wird nach einem neuen Mitarbeiter Ausschau gehalten. Jemand Neues zu beschäftigen ist die Ultima Ratio eines jeden Unternehmers, der letzte Ausweg.

Dies passiert erst dann, wenn gar nichts anderes mehr geht.

Das heißt, die Firma oder die Abteilung hat momentan ein erhebliches Problem; Sie (trotz evtl. Arbeitslosigkeit) nicht unbedingt.

Zeigen Sie Ihren Mehrwert

Also versuchen Sie Ihrem Gegenüber aufzuzeigen, welchen Mehrwert er hat, wenn er Sie einstellt. Zeigen Sie auf, wie es wäre, wenn er mit Ihnen zusammen arbeiten würde.

Ein Beispiel erlebte ich vor etlichen Jahren in einem Vorstellungsgespräch mit einer sehr jungen Bewerberin, damals 19 Jahre alt, mit einem überaus offenen, sympathischen und freundlichen Wesen. Auf die (sinngemäße) Frage, was ich davon hätte, wenn ich sie einstellte, strahlte sie mich auf unnachahmliche Weise an und sagte:

> „Sehen Sie dieses Lächeln? Das würden Sie jeden Tag mindestens zehnmal sehen und zwar schon gleich als erstes morgens, sobald Sie das Büro betreten."

Nun ist ein strahlendes Lächeln nicht notwendigerweise eine wirklich ausreichende Qualifikation, aber das eigentliche Ziel, sich nämlich vorzustellen wie es wäre, tagein tagaus mit diesem Bewerber zusammenzuarbeiten, wurde erreicht.

Falls Sie sich richtig auf dieses Gespräch vorbereitet haben (Sie erinnern sich? Sich intensiv mit der Strategie des Unternehmens auseinandersetzen; sich mit ehemaligen Mitarbeitern über die Werte und Ziele Ihres Ansprechpartners informieren; ein vorbereitendes Telefonat mit dem potentiellen Arbeitgeber über dessen größte Herausforderungen führen) sollte es Ihnen mit Leichtigkeit gelingen, den funktionalen Mehrwert, über den Sie verfügen, darzustellen:

> „Ihnen ist sicherlich bekannt, dass ich schon zweimal recht erfolgreich an Markteintrittskampagnen beteiligt war."

- „Zu Ihrer internationalen Ausrichtung ist es sicherlich hilfreich, dass ich nicht nur zwei Fremdsprachen beherrsche, sondern auch drei Jahre im Ausland verbracht habe."

- „Stressige Situationen mit z. T. schwierigen Kunden sind mir absolut geläufig; dies habe ich bei der Firma ABC schon recht erfolgreich bewältigt."

- „Bei einer Ausweitung Ihrer Zielgruppe auf jüngere Kunden kann ich Sie sicherlich sehr gut unterstützen; einerseits gehöre ich altersmäßig selbst in diesen Bereich – wie übrigens mein gesamtes soziales Umfeld auch – andererseits habe ich in einem früheren Projekt schon einmal erlebt, was dabei alles schiefgehen kann. Ich weiß also, worauf wir besonders achten müssen."

Lassen Sie in solchen Situationen oft das Wort „wir" einfließen; es symbolisiert schon im Vorstellungsgespräch eine hohe Identifikation mit der Aufgabenstellung.

Ebenso von Bedeutung ist für den Arbeitgeber die Frage, wie Sie auf stressige Situationen reagieren. Nun hat er im Grunde zwei Möglichkeiten:

1. Er fragt Sie, wie Sie unter Druck reagieren. Doch was nützt das? Was würde ein Bewerber wohl sagen, wenn er gefragt wird, wie er mit stressigen Situationen klar kommt? „Kein Problem", wird er sagen, „damit komme ich wunderbar klar." Was also soll diese Frage bringen?

2. Er setzt Sie unter Druck. Diese Situation ist ungleich schwieriger, allerdings können Sie sich darauf sehr gut vorbereiten.

Zunächst einmal zwei Beispiele, wie ein Druckszenario aufgebaut werden kann:

Die Bewerberin, Grafikerin, 29 Jahre alt, hat in ihrem Lebenslauf bei Fremdsprachen angegeben, dass sie englisch und französisch spricht, und bei Hobbys (Was im Übrigen im Lebenslauf nichts, aber auch gar nichts zu suchen hat! Wenn es den Arbeitgeber interessiert, fragt er Sie im Vorstellungsgespräch. Von allein schreiben das nur ganz junge Menschen, die sich z. B. auf eine Lehrstelle bewerben.) gab sie u. a. Basketball an.

Nun war es in diesem Fall relativ leicht, eine solche Stresssituation für die Bewerberin zu schaffen:

> „Basketball ist ja eine wunderbare Sportart", begann ich,0 „von der ich leider viel zu wenig verstehe. Ich weiß eigentlich nur, dass es die Position des Point Guard gibt. Bitte seien Sie doch einmal so nett und erklären mir die genauen Aufgaben eines Point Guard – auf französisch."

Und in diesem Moment hatte die Bewerberin so richtig Druck.

Eine zweite Situation: Bewerber ist Diplomingenieur, 43 Jahre alt, wird zu folgendem aufgefordert:

> „Wissen Sie, all die anderen Bewerber verfügen über beeindruckende Referenzen und ausgesprochen hohe Qualifikationen. Bei Ihnen ist das ja ganz offensichtlich nicht der Fall. Erklären Sie mir doch bitte, warum Sie glauben, dass Sie für uns trotzdem der richtige Kandidat sind. Aber machen Sie es bitte kurz, die Zeit ist recht knapp."

In diesen Situationen gilt es unbedingt, sehr ruhig und gelassen zu bleiben. Sicher, das ist leichter gesagt als getan, aber noch einmal: Sie können sich hierauf ja vorbereiten.

Stellen Sie sich intensiv vor, wie Sie in einer solchen Situation möglichst souverän reagieren. Spielen Sie es im Geiste immer und immer wieder durch. Tritt die Situation dann tatsächlich auf, ist sie Ihnen schon nicht mehr so fremd.

Der Arbeitgeber hat sehr viel Zeit und Mühe – und nicht zuletzt erhebliche Kosten – darauf verwendet, Sie kennen zu lernen. Grundsätzlich sind Sie also für ihn interessant. Er möchte nun lediglich Ihre Stressresistenz prüfen.

Machen Sie ihm also klar, dass Sie durchaus in der Lage sind, solche Situationen souverän zu meistern. Im Gegenzug allerdings sollten Sie jederzeit klar und höflich eventuelle Grenzen setzen. Etliche Gespräche zielen darauf ab, die Grenzen dessen, was für Sie erträglich ist, auszuloten. In diesem Falle sollten Sie irgendwann höflich, aber bestimmt darauf verweisen, dass Ihnen die eine oder andere Frage zu privat ist.

Übrigens, besagter Ingenieur lehnte sich nach dieser Eröffnung erst einmal zurück und sagte:

> „Na, dann sagen Sie mir doch erst einmal, warum Sie mich eingeladen haben?"

Dies muss nicht immer die perfekte Antwort sein. Lassen Sie sich bloß nicht von irgendwelchen Ratgebern vormachen, dass es perfekte Antworten gibt. In diesem Falle allerdings musste der Arbeitgeber unwillkürlich schmunzeln – und das Eis war gebrochen.

Perfekte Antworten gibt es genau so wenig wie perfekte Kandidaten

Sicherlich gibt es eine ganze Reihe von Fragen, die eigentlich nur Ihr Persönlichkeitsprofil abrunden sollen, Ihnen aber trotzdem unangenehm sind. Die Fragen an sich können Sie nicht verhindern, sich aber schon einmal darauf einstellen und versuchen, möglichst passende und starke Antworten zu geben.

Nachstehend einige Tipps, aber bitte, nehmen Sie diese keinesfalls als Vorschläge für Standard-Antworten. Sie müssen nämlich zum Typus Ihres Ansprechpartners passen, zur Stelle, auf die Sie sich beworben haben, zur Unternehmenskultur und ganz besonders auch zu Ihnen.

Eine solche Frage könnte beispielsweise lauten:

> Was haben Sie in Ihrem Berufsleben bisher noch
> nicht erreicht?

→ An dieser Stelle ist es von herausragender Bedeutung, welche Aufgabenstellungen in Ihrer neuen Position von Ihnen erwartet werden. Suchen Sie sich ein oder zwei der Kriterien, bei denen Sie in den Übungen zu Schritt 1 festgestellt haben, dass diese für Sie so wichtig sind, heraus. Erwähnen Sie diese genau jetzt – denn das sind die Aspekte, die Sie in der Vergangenheit vermisst haben. Und schon wird einerseits klar, warum Sie sich bei diesem Unternehmen beworben haben, und andererseits was Ihnen an der neuen Stelle wichtig ist.

Nehmen wir beispielsweise den Punkt „selbständiges Arbeiten". Es könnte durchaus sein, dass Sie dieses in der letzten Tätigkeit sehr vermisst haben.

Dann sollten Sie genau jetzt betonen, dass

a Ihnen das sehr wichtig ist und

b es auch zu Ihren besonderen Stärken gehört.

> Wo sehen Sie sich in fünf Jahren?

→ Die schlechteste Antwort wäre:

> „In einer verantwortungsvollen Position, idealerweise hier in diesem Unternehmen, mit einer spannenden Aufgabenstellung und Mitarbeiterführung ...“

Labern Sie bloss nicht!

BlaBlaBla. Was glauben Sie eigentlich, wodurch Sie sich mit dieser Antwort von den anderen Kandidaten, die zum Vorstellungsgespräch kommen, positiv unterscheiden?

Richtig: durch nichts. Durch gar nichts.

Also bleiben Sie an dieser Stelle authentisch. Beziehen Sie Ihre Antwort nicht nur auf das Leben in diesem Unternehmen, sondern stellen Sie heraus, dass es noch ein anderes Leben gibt, welches Sie ideal zu verknüpfen verstehen.

Bleiben Sie authentisch

In einem Vorstellungsgespräch habe ich einmal erlebt, wie ein Bewerber, der dann auch später eingestellt wurde, auf diese Frage geantwortet hat:

> „Ehrlich gesagt auf Ihrem Stuhl, denn dieser wird ja u. U. in fünf Jahren frei sein, wenn Sie selbst in die Geschäftsleitung aufgestiegen sind.“

Sicherlich eine sehr pointierte Antwort, die man übrigens niemals dem Inhaber oder Geschäftsführer eines Unternehmen geben sollte, aber mit dem richtigen Ton, in der richtigen Kultur und dem richtigen Ansprechpartner kann diese Antwort absolut zünden.

Bleiben Sie ehrlich bei dieser Frage. Eine weitere passende Antwort könnte lauten:

> „Ganz ehrlich, ich kann Ihnen das nicht beantworten. Vor fünf Jahren habe ich mich gerade ent-

schlossen, meinen ersten Beruf als Bilanzbuchhalter aufzugeben um etwas Neues anzufangen. Wenn mir damals jemand gesagt hätte, dass ich heute bei Ihnen in einem Vorstellungsgespräch sitze, bei dem es um die vakante Position des regionalen Vertriebsleiters geht, hätte ich nur den Kopf geschüttelt. Ehrlicherweise kann ich Ihnen nicht einmal sagen, was in einem Jahr sein wird, geschweige denn in fünf."

Wenn diese Antwort zu Ihnen passt, dann geben Sie sie, denn sie ist auf jeden Fall ehrlich. Und aus genau diesem Grunde hat Ihr Gegenüber Ihnen diese Frage auch gestellt: weil er Sie kennenlernen möchte.

Wenn ihm eine solche Antwort völlig missfällt, gibt es dermaßen große Differenzen in seiner und Ihrer Lebenseinstellung, dass eine Zusammenarbeit mehr als schwierig wäre.

Sehr schön fand ich auch die Antwort einer knapp 22-jährigen Bewerberin. Sie überlegte kurz, legte den Kopf schief, lächelte und sagte:

„In einem Cabrio. Mit dem Wind im Haar und Bruce Springsteen aus'm Radio."

Welche sind Ihre größten Schwächen?

→ Auch eine Frage, die im Grunde genommen nur Ihr Selbstbild abfragen soll und auch, wie Sie damit umgehen. Allerdings impliziert diese Frage nicht, dass sich Ihre Antwort unbedingt auf den Job beziehen muss. Also wäre es doch eine Option, nach einer kurzen Bedenkzeit, zu antworten:

„Schwächen ... hmmm ... nun, ich möchte seit einigen Monaten sehr gerne fünf Kilo abnehmen, aber irgendwie bekomme ich das nicht hin".

Auf diese Weise stellen Sie unmittelbar eine Gemeinsamkeit zum Entscheider auf der anderen Seite des Tisches her, denn in aller Regel wird er sich spontan sofort denken:

„Kenn' ich. Würd' ich auch gerne ..."

Schon ist die Gemeinsamkeit da, alleine schon, weil die meisten Menschen mittleren Alters schon mehrmals irgendwelche Diäten in ihrem Leben gemacht haben. Natürlich muss das auch zu Ihrer Figur passen; ansonsten bieten sich noch andere kleiner Laster an, z. B. Schokolade, Schalke-Fan, ein Schuh-Tick oder auch die Tatsache, dass man eigentlich öfter ins Fitness-Studio gehen sollte.

Versuchen Sie, Gemeinsamkeiten herzustellen

Ganz ungünstig an dieser Stelle ist das Folgende, was Ihnen aber gerne oftmals als besonders gelungen vorgegaukelt wird: Nehmen Sie eine vermeintliche Schwäche und kehren Sie diese dann in eine Stärke um.

Das Ergebnis sind dann Antworten wie:

STÄRKEN + SCHWÄCHEN

„Manchmal bin ich bei der Umsetzung von Projekten etwas ungeduldig."

Ach ja. Und wen wollen Sie denn damit beeindrucken? Und wie glaubhaft ist das denn?

Ein weiteres Thema, welches in solchen Situationen immer wieder aufkommt, ist das „Probearbeiten". Sicherlich gibt es Ausnahmen, grundsätzlich aber sollten Sie solche Anfragen immer ablehnen.

Welche Erkenntnis glaubt der Arbeitgeber innerhalb eines halben oder ganzen Tages von Ihnen gewinnen zu können?

Allen Beteiligten ist doch bewusst, dass dieser Tag nicht repräsentativ für Ihre Arbeit später im Alltag sein wird.

Oder soll an dieser Stelle Ihre Qualifikation überprüft werden? Dann ist sicherlich nicht davon auszugehen, dass hierzu ein einziger Tag ausreicht. Überdies wirft Probearbeiten auch erhebliche (arbeits-)rechtliche und versicherungstechnische Fragen auf, die zumeist ungeklärt bleiben.

Schließlich gibt es für solche Situationen die Probezeit. Also ist ein Probe-Arbeitstag doch nichts anderes, als eine Probezeit für die Probezeit? Dies macht doch überhaupt keinen Sinn.

Sie sollten also in einer solchen Situation dem Gesprächspartner deutlich machen, dass Sie ihm jederzeit für weiterführende Gespräche zur Verfügung stehen, gerne auch noch drei- oder viermal, aber, wenn er sich für Sie entscheidet, dann ohne „wenn" und „aber".

Denn schließlich gibt es ja aus genau diesem Grunde eine Probezeit. Bitte verstehen Sie mich nicht falsch: es kann durchaus Sinn machen, sich das Unternehmen einmal für einen halben Tag „life und in Farbe" anzusehen. Werden aber ein oder gar mehrere Probetage von Ihnen verlangt, heißt das nichts anderes, als dass Ihr Arbeitgeber von Ihnen nicht zu 100 % überzeugt ist. Diese Vorbehalte allein können aber sechs bis acht Stunden auch nicht ausräumen, oder?

Bei Brüchen im Lebenslauf bzw. Besonderheiten sollten Ihre Antworten klar und bestimmt rüberkommen, keinesfalls in irgendeiner Form rechtfertigend wirken.

Sie haben lange studiert?

Nun, vielleicht haben Sie in dieser Zeit ja Ihren Lebensunterhalt bereits selbst bestreiten müssen oder einen Familienangehörigen zu pflegen gehabt.

Sie haben Ihr Studium gewechselt?

Kein Problem, womöglich haben Sie erst nach ein oder zwei Jahren festgestellt, dass dieses Studium nichts für Sie ist. Da Sie nun keinesfalls etwas zu Ende studieren wollten, was Sie danach sowieso nicht als Beruf hätten ausüben wollen und was Ihnen im Grunde nur wertvolle Lebenszeit gestohlen hätte, haben Sie sich eben entschlossen, ein anderes Studium zu beginnen. DAS ist konsequent und nicht etwa, etwas Ungeliebtes zu beenden ... und das womöglich dann auch noch beruflich auszuüben.

Wichtig ist, dass Sie „klar" erscheinen, als jemand, der die Dinge für sich selbst auch reflektiert und bewertet. Sollte sich dann einmal eine Änderung Ihres Kurses ergeben haben, macht das nichts.

Seien Sie „klar" – sowohl für sich als auch für Ihren Gegenüber

Nur sollte man merken, dass dies am Ende eines Prozesses stand und Sie nicht so ein sprunghafter Typ sind. Wenn Sie einen „Fehler" gemacht haben, ist dies nicht schlimm. Gehen Sie offensiv damit um, versuchen Sie nicht, dies zu beschönigen, sondern sagen Sie ganz klar, dass es aus heutiger Sicht ein Fehler war. Vielleicht können Sie ja im Nachgang doch noch einige positive Aspekte mit anfügen. Und wenn Ihr Lebenslauf „Schwachstellen" aufweist, so bedenken Sie bitte, dass es

a   kaum einen Bewerber gibt, bei dem dies nicht so ist und

b   haben Sie Ihr Gegenüber ja bereits im vorbereitenden Telefonat darauf hingewiesen und das Unternehmen hat Sie trotzdem eingeladen.

So schlimm werden diese „Schwachstellen" dann wohl nicht sein, oder? Wichtig ist, dass Sie sich auf genau diese Punkt einstellen.

Irgendwann jedoch sind die meisten Fragen, die der Arbeitgeber Ihnen stellen wollte, geklärt.

Nun kommt der Moment, in dem es heißt:

„Und? Haben Sie noch Fragen an uns?"

Machen Sie jetzt um Himmels Willen nicht den Fehler, möglichst pflegeleicht und nicht so stressig erscheinen zu wollen und zu antworten:

„Nö, eigentlich nicht."

Bedenken Sie: Die durchschnittliche Beschäftigungsdauer beträgt in Deutschland knapp über zehn Jahre (Stand: März 2013). Eine strategische Personaleinsatzplanung läuft im Allgemeinen über ca. vier bis fünf Jahre. Länger können weder Sie noch der Arbeitgeber vorausplanen; dies ist allerdings auch gar nicht nötig.

Und jetzt machen wir einmal folgende Rechnung auf:

Wie hoch ist Ihr Wunschgehalt, brutto im Jahr?

Ermitteln Sie Ihr Wunschgehalt

50.000 €? 75.000 €? Im Grunde genommen egal. Nehmen Sie Ihr jährliches Wunschgehalt, beispielsweise 50.000 € und rechnen Sie jetzt noch den Arbeitgeberanteil hinzu. Dieser besteht aus den sozialversicherungspflichtigen Zusatzleistungen, Rücklagen für Krankheiten, Urlaub etc. Üblicherweise gilt hier die Faustregel: Bruttogehalt x 1,9.

Nehmen wir jetzt einmal eine Beschäftigungsdauer von 4,5 Jahren, so ergibt sich hier ein Gesamtvolumen von über 200.000 €.

Dies ist in vielen Regionen Deutschlands bereits der Wert einer Eigentumswohnung.

Und nun stellen Sie sich einmal vor, Sie säßen in der Baufinanzierungsabteilung einer Bank. Der Berater würde Ihnen natürlich einige Dinge erklären, die für Sie u. U. Neuland sind: Hypothekenzinsen, Abschreibungen, Agio, Disagio, Steuervergünstigungen usw.

Wie oft würden Sie Gespräche dazu führen?

Wie häufig würden Sie nachfragen, wenn Ihnen der eine oder andere Punkt nicht sofort geläufig ist?

Wie viele Fragen würden Sie stellen, um zu vermeiden, dass irgendein Detail für Sie unklar ist oder an Ihnen vorbeigerauscht ist?

Sicherlich Dutzende, nicht wahr? So lange, bis alles geklärt ist.

Und wie verhalten Sie sich in einem Vorstellungsgespräch?

Sie würden sich wundern, wie häufig Bewerber sich nicht trauen, hier – auch durchaus kritisch – nachzufragen.

Warum? In einem solchen Gespräch geht es im Prinzip um das gleiche Volumen wie bei der Anschaffung einer kleineren Immobilie. Und da soll Nachfragen nicht notwendig sein?

Fragen bedeutet an dieser Stelle auch durchaus, dass Sie ein überdurchschnittliches Interesse zeigen. Dass Sie sich sehr intensiv mit dem Arbeitgeber auseinandergesetzt haben. Sie können zwar eventuelle Enttäuschungen nie völlig ausschließen, allerdings können Sie die Wahrscheinlichkeit hierfür enorm minimieren.

Wer fragt, zeigt Interesse

Haben Sie einmal überlegt, dass vielleicht deshalb so viele Menschen mit einem muffeligen Gesicht zur Arbeit fahren, weil sie sich eben nicht getraut haben, das eine oder andere zu hinterfragen?

Im Vorstellungsgespräch – und nur hier und jetzt – haben Sie die Möglichkeit, bestimmte Kriterien zu klären; insbesondere diese, die Ihnen bei Ihrer letzten Tätigkeit übel aufgestoßen sind.

Dazu einige Beispiele:

Hatten Sie in Ihrer letzten Arbeitsstelle einen Vorgesetzten, dessen Führungsqualität mehr als fraglich war, so sollten Sie sich unbedingt die Zeit nehmen, Ihren künftigen potentiellen Vorgesetzten genauer kennen zu lernen.

Fragen Sie ihn, was für ihn ein guter Mitarbeiter ist und lernen Sie die Führungsstrukturen in diesem Unternehmen kennen. Hierbei bietet es sich an, einmal nachzuhaken, wie Führungskräfte eigentlich für das Führen von Mitarbeitern ausgebildet werden.

Hinterfragen Sie unbedingt die Art der Personalführung

Es ist doch in vielen Firmen so, dass Führungskräfte, Teamleiter etc. nach Dauer der Betriebszugehörigkeit ernannt werden. Jedoch sagt dies in keiner Weise aus, ob diese auch in der Lage sind, Mitarbeiter tatsächlich *zu führen*, Konfliktpotential rechtzeitig zu erkennen, Krisen zu managen, Mitarbeitergespräche zu führen und jederzeit fair und motivierend zu agieren.

Egal, wie lange ein Mitarbeiter im Unternehmen beschäftigt ist, hat er plötzlich Personalverantwortung, ändert sich sein Aufgabenfeld maßgeblich. Ist dies jedem Verantwortlichen bekannt? Ist er im Führen von Menschen ausgebildet?

Hat ein Unternehmen eine solche Struktur nicht und bietet ein Unternehmen entsprechende Führungskräfteseminare gar nicht erst an, muss man sich nicht wundern, wenn das Verhalten der Führungskräfte oftmals zu wünschen übrig lässt.

Ein anderer Bereich ist das Betriebsklima. Fragen Sie ruhig in einem Vorstellungsgespräch danach. „Recht gut", wird man Ihnen höchstwahrscheinlich antworten. Dann sollten Sie in jedem Falle weiterfragen: „Und wie bemessen Sie das?"

Fragen Sie nach dem Betriebsklima ...

Sie können sich sicherlich vorstellen, dass der eine oder andere Entscheider vielleicht tatsächlich glaubt, dass das Betriebsklima bei ihm sehr angenehm sei; nur seine Mitarbeiter sehen es möglicherweise ganz anders.

Erhalten Sie also in einem solchen Falle eine Antwort wie: „Wir machen jedes Jahr eine tolle Weihnachtsfeier." ist das definitiv kein Indiz für ein gutes Betriebsklima. Unternehmen, die wirklich darauf Wert legen, haben Maßnahmen wie Zielvereinbarungsgespräche, betriebliches Gesundheitsmanagement, sogenannte 360°-Feedback-Gespräche u. ä. Hier erkennen Sie den Wert eines Mitarbeiters für das Unternehmen recht deutlich.

Ebenso wichtig ist es, herauszufinden, wie ein Unternehmen sich auf Veränderungen am Markt einstellt. Sind die erforderlichen Prozesse hierfür zu langsam und zu schwerfällig, wird das Unternehmen u. U. in wirtschaftliche Schwierigkeiten geraten.

... und vor allem auch der Strategie ...

Und wenn das der Fall ist, was glauben Sie, von wem wird man sich dann als Erstes wieder trennen? In aller Regel von den Mitarbeitern, die als letztes eingestellt wurden.

Das wären dann Sie.

Auch hierzu ein Beispiel: Stellen Sie sich einmal vor, Sie bewerben sich bei einem Unternehmen, welches hauptsächlich MP3-Player herstellt. Frage an Sie: Wann haben Sie sich das letzte Mal einen MP3-Player gekauft?

Es ist jetzt, zum Zeitpunkt des Erscheinens dieses Buches (Juli 2014) keine Kunst zu erkennen, dass der Markt für diese Geräte massiv schrumpft. Wer Musik mobil hört, tut dies in zunehmendem Maße über Smartphones. Sind Sie also in einem Gespräch mit einem Unternehmen dieser Branche, sollte Ihr Gegenüber eine sehr gute Antwort auf die Frage nach der Entwicklung haben, sonst werden Sie, lieber Leser, irgendwann Gefahr laufen, Ihren Job wieder zu verlieren.

Der größte Automobilhersteller der Welt ist heute (Stand: Juni 2014) Toyota. Volkswagen hingegen hat erklärt, dass der Konzern bis spätestens 2016 der größte Automobilhersteller der Welt sein möchte. Eine gute Frage bei einem Vorstellungsgespräch bei VW wäre demnach, wie sie das schaffen möchten. Bei Toyota hingegen bietet sich die Frage an, was sie dagegen zu unternehmen gedenken. Auch, wenn Sie sich dort „nur" in der Buchhaltung bewerben.

Ein anderes Beispiel: Wer von Ihnen, lieber Leser, hat sich in den letzten ein oder zwei Jahren DVD–Rohlinge als Speichermedium gekauft? Sehen Sie? Auch hier geht die Entwicklung recht schnell in eine andere Richtung. Sind Sie nun bei einem Anbieter für DVD-Rohlinge, der es nicht schafft oder nicht über die erforderlichen Strukturen verfügt, sich diesen Veränderungen anzupassen, kann es ganz schnell kritisch werden.

Fragen Sie also ruhig auch mal nach den erwarteten Wachstumschancen. Fragen Sie Ihren potentiellen Arbeitgeber, welche Ziele er in den nächsten zwei bis drei Jahren erreichen möchte und vor allem wie er das erreichen möchte. Denn Sie sind derjenige, der diese Ziele umzusetzen hat. Sind diese Ihrer Meinung nach unrealistisch oder gehen an den Anforderungen vorbei, wird es auch für Sie schwer, Ihre Ziele zu erreichen.

Auch bieten sich Fragen zur Unternehmensleitung an:

STRATEGIE

„Ihre Firma hat ja nun seit zwei Jahren einen neuen Vorstand. Darf ich Sie mal fragen, was sich seitdem verändert hat?"

Sollte der alte Vorstand nicht in den Ruhestand verabschiedet worden sein, dann wurde der neue Vorstand nur aus einem einzigen Grund geholt: Die Zusammenarbeit mit dem alten Vorstand war in dieser Form nicht mehr tragbar. Also muss es Veränderungen gegeben haben. Lassen Sie sich also an dieser Stelle kein X für ein U vormachen.

Sie sollten sich in jedem Falle vor dem Gespräch einen Fragenkatalog zusammenstellen, um zu gewährleisten, dass Sie in der Aufregung nichts vergessen. Diesen sollten Sie auch durchaus in Ihre Besprechungsmappe hineinlegen; dies macht überdies auch einen sehr professionellen Eindruck.

Ihr Gegenüber ist im Vorstellungsgespräch nicht Ihr Boss. Vielleicht wird er es einmal, aber zum Zeitpunkt des Gespräches ist er lediglich jemand, der mit Ihnen über eine Tätigkeit in einer Größenordnung von mehreren zehntausend Euro verhandelt.

Sicherlich ist es, insbesondere dann, wenn man gerade arbeitslos ist, äußerst schwierig, so selbstbewusst aufzutreten, wie ich leider selbst schon mehrmals feststellen musste.

Andererseits machen Sie sich bitte klar, dass manche Konkurrenten um den Job wahrscheinlich nicht arbeitslos sind, sondern sich lediglich verändern bzw. verbessern wollen – und die haben dieses Selbstbewusstsein.

Nicht jeder, der einen Job sucht, ist arbeitslos

Also versuchen Sie, bei aller Schwierigkeit, auch solch eine Situation mit durchgedrücktem Rücken zu meistern. Haben Sie nicht schon ganz andere Sachen geschafft?

Na, also ...

Schließlich heißt das Ganze „Vorstellungsgespräch" und nicht „Vorstellungsverhör".

Nachstehend noch ein paar Fehler, die Sie unbedingt vermeiden sollten:

- Mangelhafte Vorbereitung auf das Gespräch hinsichtlich des Unternehmens, seiner Ziele, seiner Ausrichtung, seiner Kultur, seiner Strategie

- Auf allgemeine Fragen („Wie können Sie sich in unser Unternehmen einbringen") keine passende Entgegnung parat zu haben

- Keine passende Antwort auf die Frage „Was reizt Sie an dieser Aufgabe" zu haben

- Falsche Kleidung

- Verkrampfte und angespannte Körperhaltung

- Schlechtes Timing bei der Anfahrt, so dass Sie spät dran sind

- Die Telefonnummer vom Arbeitgeber nicht mitgenommen zu haben, um bei einer Verspätung, Unfall etc. gleich Bescheid geben zu können

- Nicht in der Lage zu sein, bei dem Part „Erzählen Sie mal was über sich" kurzweilig und schlüssig zu erzählen

- Keine ausreichend qualifizierten Fragen an den Arbeitgeber zu haben

- Sich am Ende nicht für das nette und informative Vorstellungsgespräch zu bedanken

Versuchen Sie, sich noch einmal das Folgende zu vergegenwärtigen:

Ihr Gegenüber hat, wie bereits erwähnt, ein wirtschaftliches Problem. Auch er ist bestrebt, einen passenden Kandidaten zu finden; zumal er für die Mitarbeiterakquise auch einen ganz erheblichen fünfstelligen Betrag ausgibt.

Ist Ihnen einmal der Gedanke gekommen, dass dieser u. U. auch etwas nervös ist?

Ganz sicher wirkt er nicht so, zumal das Vorstellungsgespräch ja auf „seinem Territorium" stattfindet. Aber auch er hat die Befürchtung, an dieser Stelle einen Fehler zu machen.

Ich war bei etlichen Vorstellungsgesprächen als Berater für Firmenkunden dabei und ich kann Ihnen, lieber Bewerber, versichern, dass auch Ihr Gegenüber mitunter recht angespannt ist.

Denn: Er ist derjenige mit dem Problem. Versuchen Sie ihm zu zeigen, dass Sie die Lösung sind.

Andererseits sollten Sie ihm auch klarmachen, dass diese Lösung ihren Preis hat. Diesen Punkt klären wir im letzten Kapitel dieses Buches, nämlich dem …

(bitte umblättern)

6. Schritt:

Gehaltsverhandlungen

Dieser Part ist natürlich Teil des Vorstellungsgespräches, jedoch wollte ich ihm ein eigenes Kapitel widmen, da es

[a]   selbst für den, der einen Job hat, als herausragende Bedeutung wahrgenommen, und

[b]   von den meisten Bewerbern als unangenehm empfunden wird.

Zunächst einmal müssen Sie ermitteln, wie hoch Ihr Marktwert ist bzw. in welcher Größenordnung sich Ihre Gehaltsvorstellungen bewegen.

Sollten Sie das nicht exakt wissen, hilft es möglicherweise, sich mit Freunden oder Bekannten darüber auszutauschen, was in diesem und jenem Beruf mit Ihrer Qualifikation oder Erfahrung zu erwarten ist.

Eine Alternative könnte sein, sich auf entsprechenden „Gehalts-Check"-Seiten zu informieren. Sollten Sie nicht ohnehin schon eine konkrete Vorstellung bezüglich der Höhe Ihres Gehaltes haben, könnte folgende Vorgehensweise für Sie hilfreich sein:

Sie sollten immer Ihre Angaben im Jahresgehalt machen, niemals als Monatsgehalt. Schließlich wissen Sie ja nicht, ob der Arbeitgeber 12, 13 oder gar 14 Monatsgehälter zahlt. Ausnahmen sind sicherlich Handwerksberufe, in denen es durchaus üblich sein kann, eine Angabe in Stundenlöhnen zu machen.

Rechnen Sie aus, wie hoch Sie sich Ihr monatliches Nettoeinkommen vorstellen. Dann ermitteln Sie einmal Ihr monatliches Bruttogehalt unter Zuhilfenahme entsprechender Seiten im Internet (googeln Sie „Brutto-Netto-Rechner"). Runden Sie diesen Betrag auf die nächste 250-er Stufe auf, also z. B. 2.250 € / 2.500 € / 2.750 € / 3.000 €.

Multiplizieren Sie diese Zahl mit 12. Und auch hier sollten Sie ggf. aufrunden auf die nächste 2.500er-Zahl, also 27.500 €/ 32.500 € / 35.000 €, Ausnahme: 36.000 € bzw. 48.000 € usw., da es sich hierbei um „glatte" Zahlen handelt bei 12 Monatsgehältern. Jetzt kennen Sie bereits Ihr Zielgehalt.

Und dies gilt es nun zu kommunizieren, was allerdings vielen Menschen als ungemein schwierig vorkommt.

Oft erlebe ich in solchen Situationen, in denen nach den Gehaltsvorstellungen gefragt wird, Antworten wie:

> „Ja, also, ähm, ich dachte so zwischen 28.000 € und 30.000 € im Jahr ..."

Was bitte soll denn das? Stellen Sie sich einmal vor, Sie wollten einen Fernseher kaufen, und der Verkäufer sagt Ihnen, dass das Gerät „zwischen 800 € und 1.000 €" kosten soll.

Würden Sie dann antworten:

> „Na gut, dann zahle ich eben 1.000 €."?

Nein, wohl eher nicht. Wie also kommt es, dass dann immer wieder solche unsinnigen Aussagen getroffen werden?

Keine Angst vor dem „zu vie "

Nun, zunächst einmal ist es Angst. Die Angst, eine falsche Summe zu nennen und am Ende entweder zu wenig oder zu viel verlangt zu haben. Vor allem vor dem „zu viel" haben viele Bewerber Angst, weil sie befürchten, aus genau diesem Grunde die Stelle nicht zu bekommen.

Dann muss doch aber die folgende Gegenfrage erlaubt sein: Wenn Sie sich ein Jahresgehalt von 36.000 € vorgestellt haben und Sie verkaufen sich aus Angst vor dem „zu viel" für nur 30.000 €, glauben Sie dann ernsthaft, auf Dauer glücklich damit zu werden?

Es könnte durchaus sein, dass Sie vielleicht aus dem Grund billig zu sein, einen Job bekommen. Dann rechnen Sie aber bitte auch damit, sich in das Heer der frustrierten und sich krass unterbezahlt fühlenden Arbeitnehmer einzureihen.

Vermeiden Sie unbedingt den „Gehaltsfrust"

Glücklich werden Sie hierbei nicht, auch wenn die Aufgabe vielleicht interessant, die Kollegen sehr nett und der Job abwechslungsreich ist.

> „Wenn Sie Ihren Preis zu niedrig ansetzen, wird
> ihn ein anderer ganz sicher nicht erhöhen."

Der das gesagt hat, weiß sehr genau, wovon er spricht: der Porzellanfabrikant Philip Rosenthal.

Das bedeutet im Umkehrschluss natürlich nicht, dass Sie mit völlig überzogenen Gehaltsforderungen in das Gespräch gehen sollten. Nein, aber es bedeutet, dass Sie sich an dieser Stelle exzellent vorzubereiten und Ihren Marktwert auszuloten haben.

Lassen Sie mich dies einmal an einem Beispiel verdeutlichen. Stellen Sie sich einmal vor, Sie wollten einen bestimmten Artikel kaufen – sagen wir, ein paar leichte Sommerschuhe.

Sie überlegen sich bereits vor dem Kauf, wie diese Schuhe ungefähr aussehen und welche Qualität sie haben sollten und vor allem, was sie in etwa kosten dürfen. Danach gehen Sie in ein Schuhgeschäft, schauen sich die Auswahl an, prüfen verschiedene Schuhe und finden schließlich ein Paar, das Ihnen gefällt.

Sie probieren diese Schuhe an, laufen damit im Laden herum, betrachten Sie kritisch von allen Seiten und kombinieren im Geiste diese Schuhe mit anderen Artikeln aus Ihrem Kleiderschrank. Mit anderen Worten, Sie überlegen, wie diese Schuhe in das bereits vorhandene „Team" passen.

Nun stellen Sie fest, dass diese Schuhe nicht ausgezeichnet sind, d. h. es ist kein Preisschild angebracht. Sie fragen also einen Verkäufer, um den Preis zu erfahren.

Und jetzt stellen Sie sich einfach mal vor, der Verkäufer gibt Ihnen zur Antwort:

> „Da haben Sie sich aber auch wirklich ein exzellentes Paar ausgesucht. Die sind toll, oder? Stehen Ihnen auch wirklich richtig gut. Ist ein italienischer Schnitt, deshalb machen die auch einen außerordentlich schlanken Fuß. Das Schöne daran ist, dass Sie diese Schuhe wunderbar kombinieren können, sowohl mit einer einfachen Jeans als auch mit einem Rock, sogar mit einer Dreiviertelhose. Sehen Sie einmal hier, die Nähte sind doppelt vernäht, das macht sie absolut stabil. Außerdem ist das Leder ganz pflegeleicht, das müssen Sie nicht extra imprägnieren. Selbst wenn Sie damit einmal in einen Regenguss kommen sollten, macht das überhaupt nichts. Einfach trocknen lassen, kurz abbürsten und sie sehen wieder aus wie neu. Modisch sind Sie damit sowieso ganz weit vorne, das ist nämlich der aktuelle Trend. Sie werden sehen, in den nächsten Monaten ..."

Und Sie stehen mit wachsender Ungeduld daneben und denken sich:

> „Das weiß ich ja alles, das sehe ich selber. Ich möchte doch einfach nur wissen, was die Schuhe kosten!"

So. Und jetzt sage ich Ihnen, was man ständig in Vorstellungsgesprächen zu hören bekommt:

> „Nun, äh, Sie wissen ja aus meinem Lebenslauf, dass ich diese Tätigkeit schon intensiv ausgeübt habe. Bin zwar jetzt seit drei Monaten arbeitslos, allerdings sind mir die erforderlichen Systeme ja nicht fremd. Ich meine, wenn es da noch etwas nachzuholen gibt, dann bin ich natürlich gerne bereit, dies noch zu tun oder eine zusätzliche Schulung zu machen, das ist ja kein Thema. Andererseits verfüge ich schon über einige Jahre Berufserfahrung und das würde ich natürlich auch gerne bewertet wissen, und außerdem wissen Sie ja, ich habe zwei Kinder, und aus dem Grunde brauche ich also mindestens, so ungefähr ..."

Wenn Sie, lieber Leser, das Lesen der beiden Absätze schon genervt hat, können Sie sich dann vorstellen, wie anstrengend das für einen Entscheider ist, wenn ein Kandidat im Vorstellungsgespräch so herumdruckst?

Und lassen Sie sich gesagt sein: das tun die weitaus Meisten.

Also:

Wenn Sie gefragt werden, wie hoch sich Ihre Gehaltsvorstellungen bewegen, dann haben Sie nur eines zu tun: Nennen Sie die entsprechende Summe.

Ausschließlich. Fügen Sie nichts hinzu. Erklären Sie diese nicht. Und schon gar nicht den Fehler machen, diese zu relativieren. Der Unternehmer möchte an dieser Stelle lediglich Ihr Gehalt wissen und nicht etwa, womit Sie es begründen.

Sie haben Ihre Vorstellungen. Also benennen Sie diese.

Bleiben wir noch einmal bei dem Beispiel des Schuhkaufs. Sie haben sich also ein Limit gesetzt, sagen wir einmal 100–120 €. Nennt Ihnen der Verkäufer den Preis, gibt es eigentlich nur drei Optionen:

1. Der Preis ist zu hoch.

2. Der Preis ist in Ordnung.

3. Der Preis ist zu niedrig.

Beginnen wir mit der ersten Option: Der Preis ist zu hoch.

Nun hängt es sehr stark davon ab, um wie viel der Preis über Ihrem Limit liegt. Sagen wir einmal, er läge bei 179 €. An dieser Stelle sind Sie und der Verkäufer mit Ihren Vorstellungen so weit auseinander, dass es im Grunde genommen keine gemeinsame Basis gibt. Also gibt es auch nichts zu verhandeln. Selbst wenn man sich schlussendlich noch auf einen Preis einigen würde, bedeutete dies, dass entweder der Verkäufer oder Sie in hohem Maße unzufrieden sein werden. Mit anderen Worten: Einer von Beiden wird mit dem Ergebnis der Verhandlungen sehr unglücklich sein. Und dies ist sicherlich keine Basis für eine gute, langfristige Geschäftsbeziehung.

MOTIVATION

Ich selbst habe einmal ein recht hohes Gehalt in einem Vorstellungsgespräch durchsetzen können. Als es dann zu einer Zusammenarbeit kam, ist mir dies allerdings fast vom ersten Tage an „vorgeworfen" worden.

Selbst wenn Sie also nachträglich mit Ihren Gehaltsforderungen deutlich runtergehen, bietet dies überhaupt keine Ausgangslage dafür, dass Sie in dieser Position einmal glücklich arbeiten werden. Sie freuen sich zwar über den neuen Job, aber eben nur bis zur ersten Gehaltsabrechnung. Diese Erkenntnis ist sicherlich nicht einfach, sie gehört allerdings zum Entscheidungsprozess dazu.

Es ist aber natürlich auch möglich, dass die Vorstellungen des Verkäufers zwar oberhalb Ihres Budgets liegen, allerdings immer noch in einem Rahmen, in dem sich eine Verhandlung lohnt. Sagen wir einmal bei 139 €. Hier bietet sich nun eine ganze Reihe von Möglichkeiten:

Entweder der Verkäufer wird etwas mit seinen Forderungen heruntergehen oder aber Sie sind bereit, Ihr Budget nach oben hin zu erweitern.

Dies ist durchaus nicht ungewöhnlich, denn seien wir ehrlich – wir alle kennen solche Situationen. Oft genug ist es uns schon so ergangen, dass wir etwas kaufen wollten und uns ein festes Budget gesetzt hatten. Trotzdem haben wir letztendlich mehr bezahlt, als wir es eigentlich geplant hatten, sind aber am Ende immer noch zufrieden mit diesem Kauf.

Das kennen wir doch alle, nicht wahr?

Interessant dabei: Eigentlich haben wir mehr ausgegeben, als ursprünglich geplant und dennoch verlassen wir das Geschäft mit einem breiten Lächeln. Ich darf Ihnen versichern, solche Situationen gibt es auch in Vorstellungsgesprächen. Schon so manches Mal habe ich es erlebt, dass ein Arbeitgeber insgesamt einige tausend Euro mehr zahlt, als er ursprünglich budgetiert hat. Dennoch ist er aber am Ende sehr froh, diesen speziellen Bewerber einstellen zu können.

Auch für Sie als Bewerber bieten sich durchaus noch Möglichkeiten, weiter nach zu verhandeln. Es muss ja nicht zwangsläufig nur um das Gehalt gehen.

Stellen Sie sich einmal vor, Ihr Wunschgehalt läge bei 45.000 € im Jahr. Ihr Gegenüber sagt Ihnen, dass dies außerhalb seines Budgets liegt. Gerne wird übrigens damit argumentiert, dass dieses Gehalt „aus Gründen der Betriebshygiene" nicht gezahlt werden kann, da es ansonsten zu Unzufriedenheit bei den anderen Angestellten kommen kann. Dann sollten Sie zunächst einmal nachfragen:

> „Gut, und wie hoch liegt dann Ihr Budget?"

Erhalten Sie zur Antwort:

„Wir zahlen keinesfalls mehr als 36.000 €."

dann haben wir eine Situation, in der es im Grunde genommen keine Basis gibt. Erstens wäre ein solches Entgegenkommen Ihrerseits nicht seriös (nochmal zum Schuhkauf: Stellen Sie sich vor, der Schuh sollte 179 € kosten. Sie sagen nun, dass Sie keinesfalls mehr als 120 € bezahlen ... und dann kontert der Verkäufer: „Gut, dann verkaufe ich Ihnen den Schuh für 120 €." Wie würden Sie sich dann fühlen?), andererseits könnte es zwar sein, dass Sie – wenn Sie sich so weit drücken lassen – den Job bekommen, aber glauben Sie wirklich, Ihr Gegenüber würde Sie als einen verhandlungssicheren Partner wahrnehmen? Ganz sicher nicht.

Wenn er allerdings sagt:

„Nun, wir hatten an ein Gehalt in Höhe von 40.000 € gedacht",

dann haben Sie sehr wohl eine Basis und können nachfragen:

„Fein, was könnten Sie denn sonst noch bieten?"

An dieser Stelle haben Sie durchaus die Möglichkeit, einige Dinge nach zu verhandeln, die nicht direkt etwas mit dem Gehalt zu tun haben.

Hierbei könnte es sich um Firmenhandys handeln, Fahrtkostenzuschüsse, vermögenswirksame Leistungen und ähnlichem. Ist Ihnen beispielsweise bekannt, dass der Arbeitgeber die Kosten für Ihren Kindergarten oder eine Tagesmutter bis zu einer Höhe von rund 300 €* im Monat komplett übernehmen kann? Für diese Zahlungen fallen keine Lohnnebenkosten an. Überlegen Sie einmal, wie hoch Ihr Einkommen sein müsste, damit Sie 300 € netto ausgezahlt bekommen.

Achten Sie auf
Sonderleistungen

Nachstehend noch ein paar weitere Tipps:

- Firmenhandy: Sie könnten beispielsweise fragen, ob er Ihnen ein Smartphone der neusten Generation inklusive eines entsprechenden Vertrages zur Verfügung stellt. Der Arbeitgeber kann diese Anschaffungen sofort als geringwertiges Wirtschaftsgut absetzen*.

  Stellen Sie sich vor, Sie hätten gerne ein Smartphone, welches einen Ladenpreis von 500 € hat. Noch einmal die Frage: wie viel müssen Sie brutto verdienen um auf netto 500 € zu kommen?

- Bekommt ein Arbeitnehmer technische Geräte wie Computer und Handy vom Arbeitgeber nur geliehen, muss er dafür keine Steuern und Sozialabgaben zahlen. Werden die Geräte jedoch verschenkt, kann der Arbeitgeber die Geräte pauschal mit 25 % versteuern, auch Sozialabgaben werden dann nicht fällig. Der Arbeitgeber könnte den geldwerten Vorteil jedoch auch dem normalen Lohnabzug unterwerfen.* (Quelle: Handelsblatt)

- Fahrtkostenzuschüsse: Diese kann der Arbeitgeber im Falle doppelter Haushaltsführung bis zu einem dreistelligen Betrag im Monat gewähren. Und auch für diese Zahlung fallen keine Lohnnebenkosten an, er muss dies lediglich mit 15 % pauschal versteuern.*

- Arbeitgeberdarlehn: Chefs dürfen ihren Angestellten beispielsweise Darlehen von bis zu 2.600 € pro Jahr gewähren, ohne dass der Angestellte dafür Steuern und Sozialabgaben zahlen muss. Ist das Darlehen höher, muss die Differenz zwischen dem marktüblichen und dem gezahlten Effektivzins versteuert werden. Von dem marktüblichen Effektivzins werden bei der Berechnung jedoch noch 4 % abgezogen. Mitarbeiter von Banken können den Personalrabattfreibetrag von 1.080 € nutzen.*

*Stand März 2013

▩ Der Arbeitgeber kann steuer- und sozialabgabenfreie Zuschüsse für die Arbeitskleidung zahlen. Als typische Berufskleidung zählen aber nur Kleidungsstücke, die nicht privat genutzt werden können, beispielsweise Uniformen und Arztkittel.*

▩ Auch immer wieder gerne genommen: Tankgutscheine. Pro Monat können Arbeitnehmer Sachleistungen im Wert von bis zu 44 € steuer- und sozialabgabenfrei erhalten; dieses gilt zudem auch für bestimmte Warengutscheine.*

▩ Kosten für Weiterbildung: Bestätigt Ihnen Ihr Arbeitgeber, dass bestimmte Fortbildungen überwiegend im Interesse des Unternehmens sind, kann der Arbeitgeber die Kosten übernehmen, ohne dass der Angestellte dafür Steuern oder Sozialabgaben zahlen muss.*

Wenn es also passt und Ihr Arbeitgeber es bestätigt, könnte Ihr nächster Italienischkurs von der Firma bezahlt werden.

▩ Falls das Unternehmen über keine eigene Kantine verfügt, kann der Arbeitgeber einen Zuschuss von 2,87 € (für 2012) gewähren. Diesen müssen Arbeitnehmer entweder vollständig selbst versteuern oder der Arbeitgeber zahlt dafür 25 % als Steuer-Pauschale. Zwischen 2,87 € und 5,97 € – also 3,10 € – sind jedoch steuer- und sozialabgabenfrei.*

Und: 3,10 € bei 19 oder 20 Arbeitstagen/Monat sind auch gerne rund 60 €. Für dieses Netto müssen Sie im Allgemeinen auch wieder über 100 € brutto verdienen.

▩ Arbeitgeber dürfen für Waren- und Dienstleistungen ihren Angestellten Rabatte von jährlich bis zu 1.080 € einräumen. Arbeiten Sie also in einem Supermarkt oder einer Boutique, dürfen Sie bis zu dieser Summe Rabatte erhalten, ohne dass Sie darauf Steuern oder Sozialabgaben zahlen.*

Der Arbeitgeber kann Angestellte bis zu 360 €/Jahr steuer- und sozialabgabenfrei am Vermögen des Unternehmens beteiligen, beispielsweise über GmbH-, Fonds- oder Genossenschaftsanteile oder Belegschaftsaktien.*

Für den Einen oder Anderen von Ihnen ergibt sich vielleicht auch die Möglichkeit eines Firmenwagens. Dürfen Sie diesen auch privat nutzen, müssen Sie entweder ein Prozent des Bruttolistenpreises versteuern oder ein Fahrtenbuch führen. Steht dieser Pkw einen Monat lang nicht zur Verfügung (bspw. während Ihres Urlaubs), muss er für diese Zeit auch nicht als geldwerter Vorteil versteuert werden.*

Achten Sie nur darauf, dass Sie nach Möglichkeit keine Obergrenze für privat gefahrene Kilometer eingetragen bekommen, bzw. dass sich diese im für Sie passenden Rahmen bewegen.

Gibt es keine Möglichkeiten, das Gehalt zu erhöhen, könnten Sie versuchen, einen gewissen Ausgleich über einen höheren Urlaubsanspruch zu erzielen.

Sie sehen, es gibt eine ganze Reihe von Möglichkeiten, trotz eines zunächst etwas niedrigeren Zielgehaltes, noch nach zu verhandeln.

Lösungen, bei denen beide Seiten profitieren, haben immer einen gewissen Charme, zumal dadurch die Steuer- und Sozialabgabenlast gesenkt wird. Und wer zahlt diese schon gerne?

Außerdem: Wollte Ihr Arbeitgeber nicht einen Mitarbeiter, der kreativ, verhandlungssicher und durchsetzungsstark ist?

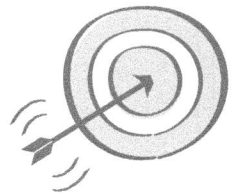

*Stand März 2013

Jetzt können Sie, begleitet von einem charmanten Lächeln, beweisen, dass Sie so jemand sind. Weisen Sie im Gespräch auch durchaus einmal auf diesen Punkt hin.

Die zweite Option, bei der Frage nach dem Gehalt war die, dass die Erwartungen des Arbeitgebers und die Ihren sich decken. An dieser Stelle gibt es dann auch kaum Notwendigkeiten, noch lange zu verhandeln.

Die dritte Option, („zu günstig") gibt es allerdings auch noch.

Lassen Sie uns hierzu noch ein letztes Mal zu unserem Schuhbeispiel zurückkehren. Stellen Sie sich einmal vor, der Verkäufer würde den Schuh für 89 € anbieten. In diesem Falle würden Sie sich freuen. Der Schuh ist toll, er passt, hat eine super Qualität, ist chic und noch unterhalb des von Ihnen geplanten Budgets.

Sind Sie also der „Verkäufer", hätten Sie durchaus einen höheren Preis erzielen können; allerdings werden Sie das womöglich nicht sofort erfahren. Sind Sie allerdings mit dem erwarteten Gehalt zunächst einmal zufrieden, ist es einerseits nicht weiter schlimm, falls Sie feststellen sollten, dass da „mehr drin" gewesen wäre, denn Sie haben ja zunächst einmal Ihren Wunsch durchgesetzt. Andererseits haben Sie ja nach ca. 12–15 Monaten – oder schon am Ende der Probezeit – die Möglichkeit, erneut nach zu verhandeln.

Vorsicht: Es gibt auch „zu billig"!

Aber, und damit stehe ich in krassem Gegenspruch zu vielen Auskünften, die Ihnen Jobvermittler gerne geben: Ein Angebot kann eben auch deutlich zu günstig sein. Stellen Sie sich einmal vor, besagter Schuh, modern, 1a Qualität, absolut chic, würde nur 29 € kosten.

Was würden Sie dann denken?

Würden Sie sich wirklich freuen, dass er so günstig ist? Oder würden Sie sich nicht eher sofort die Frage stellen, was an diesem Angebot denn faul sein könnte? Die gleiche Frage stellt sich auch ein Arbeitgeber als erstes, wenn beispielsweise eine Arzthelferin mit zehn Jahren Berufserfahrung auf einmal eine Gehaltsforderung von 18.000 € stellt, eine Speditionskauffrau mit sieben Jahren Berufserfahrung 20.000 € oder ein leitender Ingenieur mit 12 Jahren Berufserfahrung 30.000 €.

Zugegeben: Es ist oftmals festzustellen, dass viele Bewerber, die schon etliche Monate arbeitslos sind, nicht immer ganz realitätsnahe Gehaltsvorstellungen haben, auch ist es durchaus möglich und wahrscheinlich, dass Sie ein geringeres Gehalt erzielen, als bei Ihrem letzten Job.

Aber wer sich ausschließlich über den Preis verkauft, hat kein anderes Argument mehr. Und Sie haben doch eine ganze Reihe von Argumenten, die für Sie sprechen, nicht wahr?

Wer sich über den Preis verkauft, hat keine anderen Argumente mehr

Haben Sie das im bisherigen Vorstellungsgespräch Ihrem Gegenüber deutlich genug dargestellt, wird er sich auch nicht auf langwierige Verhandlungen und billiges Feilschen einlassen. Ist dem dennoch so, kann es eben auch daran liegen, dass es Ihnen nicht ausreichend gelungen ist, dem Arbeitgeber aufzuzeigen, dass Sie eine Lösung für seine Probleme bieten können.

Denken Sie doch einmal an Ihre eigene gegenwärtige Situation. Entweder Sie haben im Moment gerade keinen Job oder aber Sie sind mit Ihrer gegenwärtigen beruflichen Situation unzufrieden, denn ansonsten hätten Sie dieses Buch ja nicht gekauft.

Und jetzt stellen Sie sich einmal vor, für dieses konkrete Problem, welches Sie genau jetzt haben, gäbe es eine „Wunderlösung" (gibt es leider nicht).

Eine Lösung, die Ihnen einen genialen, interessanten und exzellent bezahlten Job in einem krisenfesten Unternehmen einbringt.

Wenn Sie diese „Wunderlösung" kaufen könnten, was wäre sie Ihnen wert?

100 €? 500 €? 1.000 €?

Ist es nicht so, dass Ihnen der Preis für diese Lösung verhältnismäßig egal wäre?

Würden Sie vielleicht sogar notfalls einen Kredit dafür aufnehmen?

Genau in diese Richtung denken auch viele Unternehmer. Das weiß ich genau. Es sind nämlich z. T. meine Kunden und sie sitzen in Vorstellungsgesprächen neben mir.

Angespannt. In höchster Erwartung. Voller Hoffnung, dass es klappt.

Genau wie Sie, lieber Bewerber.

Meine Notizen:

Schlussbemerkung

Ich sag's Ihnen gleich: die „Wunderlösung" gibt es nicht.

Wohl aber die Möglichkeit, bestimmte Dinge einfach mal anders zu machen. Situationen unter einem anderen Blickwinkel zu betrachten. Prozesse zu hinterfragen. Auch Ihren bisherigen Bewerbungsprozess.

Noch zwei Anmerkungen zum Schluss:

Auf viele spezielle Hemmnisse von Bewerbern (solche mit Gefängnisaufenthalten, erheblichen körperlichen Defiziten, Behinderungen u. ä.) kann hier nicht eingegangen werden; das würde den Rahmen dieses Buches sprengen.

Dieses Buch ist lediglich ein allgemeiner Ratgeber; allerdings finden Sie darin Erfahrungswerte aus mehreren Jahren. Zum einen aus Sicht von über 200 Firmenkunden, die seit Jahren bei der Personalakquise unterstützt werden. Zum anderen von weit über 700 Bewerbern, die in den letzten Jahren erfolgreich in den ersten Arbeitsmarkt zurückgeführt wurden. Darunter waren durchaus sehr viele, die mit sogenannten „Vermittlungshemmnissen" zu kämpfen hatten; auch hier hatten wir eine sehr bemerkenswerte Erfolgsquote.

Ich darf Ihnen versichern: Im Allgemeinen funktioniert es.

Sie müssen allerdings bereit sein, sich auch wirklich mit diesen z. T. etwas unüblichen Vorgehensweisen auseinander zu setzen (Haben Sie eigentlich schon die zweite Übung mit jemandem aus Ihrem Freundes- und Bekanntenkreis gemacht? Nein? Dann wird's aber langsam Zeit ...).

Sie müssen willens sein, teilweise neue Wege zu beschreiten. Das ist absolut notwendig, denn, provokant gesagt: Die bisherige Vorgehensweise hat ja wohl nicht wirklich funktioniert, denn sonst wären Sie ja nicht in der Situation, in der Sie sich momentan befinden, nicht wahr?

Schlagen Sie noch einmal die Seite sieben des Buches auf:

Wenn Du etwas haben willst,
das Du noch nie hattest,
wirst Du etwas tun müssen,
das Du noch nie getan hast.

Ich möchte keinesfalls den Eindruck erwecken, dass ich im Besitz der allein seligmachenden Weisheit wäre. Allerdings kann ich Ihnen aus umfangreicher Erfahrung aus der Praxis heraus sagen, dass im Allgemeinen diese Vorgehensweise die Erfolgversprechendste ist.

Durch diese Lektüre soll Ihnen die eine oder andere Möglichkeit aufgezeigt werden. Vielleicht gehen Sie einmal anders vor als bisher? Das ist es, was Sie von einem guten Ratgeber erwarten können. Nicht mehr.

Aber auch nicht weniger.

Mein letzter Gedanke aber gilt Ihnen, lieber Leser. Schön, dass Sie sich für dieses Buch entschieden haben, dass Sie bereit sind, neue Wege zu gehen und ausgetretene Pfade zu verlassen.

Ich möchte Ihnen dazu gratulieren, dass Sie den Mut aufbringen, Neues ausprobieren zu wollen. Über die Kontaktseite meiner Homepage www.meik-boedeker.de stehe ich Ihnen selbstverständlich jederzeit für Rückfragen oder Anmerkungen zur Verfügung, ansonsten schließe ich mit den Worten Robert Frosts:

> „Im Wald: zwei Wege boten sich mir dar. Ich wählte den, der weniger begangen und diese Entscheidung veränderte mein Leben."

Meik Bödeker
Seeshaupt, Juli 2014

Danksagung

Danksagungen finde ich doof. Im Allgemeinen steht hier immer nur eine ganz Liste von Namen, die niemandem etwas sagen und die keinem anderen Zweck dient, als Egos zu befriedigen.

Deshalb beschränke ich mich auf lediglich eine Institution und drei wirklich wichtige und ganz besondere Menschen:

Da wären zum Einen sämtliche Mitarbeiter der „Berufliche Fortbildungszentren der Bayerischen Wirtschaft (bfz) gGmbH", die, oftmals unter unglaublich schwierigen Bedingungen, wirklich Erhebliches leisten.

Vielen Dank für Eure Zeit, Eure Geduld und Euren unermüdlichen Einsatz.

Diplom Psychologe Bernhard Ostler, Leiter des Career Centers der Hochschule Weihenstephan-Triesdorf, mit dem ich seit etlichen Jahren das Privileg habe, zusammen arbeiten zu dürfen, für seine beeindruckende Kompetenz, Erfahrung und das Überarbeiten dieses Buches.

Ganz besonderer Dank gilt noch meiner Frau Bettina, Inhaberin der Agentur baumann & friends, Seeshaupt, für ihre Hilfe und Gestaltung des Buchcovers.

Und natürlich Binchen.

Sabine Jung, Leiterin der Niederlassung Nord-West des ADV-Institutes in Essen, die nicht nur über eine langjährige und überaus erfolgreiche Erfahrung bei der Vermittlung von Bewerbern sämtlicher Couleur verfügt, sondern an der Entstehung dieses Buches maßgeblich beteiligt war.

Sie stand mir – buchstäblich – zu jeder Tages- und Nachtzeit mit ihrem profunden Wissen und Tipps aus ihrem reichhaltigen Erfahrungsschatz zur Seite; ohne sie hätte es dieses Buch wohl nie gegeben.

Binchen, Du bisset!

9 783735 758071